文學叢刊

龍彼德
張健 等著

心靈世界的回響

——羅門詩作評論集

文史哲出版社印行

國家圖書館出版品預行編目資料

心靈世界的回響：羅門詩作評論集 / 龍彼德,張
健等著. -- 初版. --臺北市: 文史哲, 民 89
面： 公分. -- （文學叢刊；112）
ISBN 957-549-328-1(平裝)

1. 羅門 - 作品評論

851.486　　89015571

文學叢刊 ⑪②

心靈世界的回響：羅門詩作評論集

著者：龍彼德・張健等
出版者：文史哲出版社
登記證字號：行政院新聞局版臺業字五三三七號
發行人：彭正雄
發行所：文史哲出版社
印刷者：文史哲出版社
臺北市羅斯福路一段七十二巷四號
郵政劃撥帳號：一六一八〇一七五
電話 886-2-23511028・傳眞 886-2-23965656

實價新臺幣 四〇〇元

中華民國八十九年十月初版

ISBN 957-549-328-1

前言

羅門

書出版，按慣例，總會有所謂序或前言的書寫，那麼下面說的一些話，便是這書簡短的前言。

近半世紀，我整個生命都幾乎奉獻給詩與藝術，並始終認爲「人」的前途，在解決現實的生存與生活過後，應讓「詩與藝術」來導航，避免以導彈來導航，因爲「美」能「美」化「哲學」、「科學」、「政治」、「歷史」乃至「宗教」等所有的學問思想；能將人與世界帶領到接近「眞理」、「完美」與「永恆」的存在之境。

基於此，我在近半世紀漫長的心路歷程中，對詩與藝術所付出的生命與心力，確是全面與懇誠的，便也因而在存在的茫茫時空中，多少聽到一些感人與充滿溫情的回音……。

以往我曾說：「我們對著太陽的光猛奔；讓歷史去收拾背後的影子」；現在我想將後一句改爲「讓過去在背後有回音」。沒有回音的「過去」，它不是死便是睡著了；沒有「過去」，等於是將人的記憶埋葬，使人活著，便只像是眼前「一秒」接「一秒」在相連消逝中所連成的一條美麗耀目的死亡項鍊。如此，「過去」在回首中，若能亮成一條有迴音的光道，乍見生命與世界，就在燈火闌珊處，那便也顯然是人追求理想與永恆存在的一種高度願望了。

這是專論我的第八本書（加上合論我與蓉子的五本，已有十三本），對我創作近半世紀來說，內心確是感到不少慶慰。除了感謝在此書中所有給我寫評給我激勵的作者，更令我感動的，是寫「洛夫論」聞名兩岸的詩人評論家龍彼德先生，他撰寫我的論文時來信說：

羅門兄：

文章終於寫成，五十二頁一五六〇〇字。大大超過原來的設想……。家人說我這個龍年，是在寫羅門評論中度過的，也可以說是過了一個「羅門年」，每晚都忙到一·二點鐘，有一個晚上通宵未睡……

匆此

握別

龍彼德 二〇〇〇年二月一九晨

我讀完他的信，內心除了說不盡的感謝，還能說什麼呢？

這部書中的論文，有些是新近寫的，有些是以往寫的，都是未收入過去論文集中的論作，其中有些是帶有感性與近乎散文化的論談；有長論也有短論，故名之爲「長短論」。此書主要是將有關評論我的文章，都盡量收集與彙編成冊，以資紀念。

最後，更謝謝文史哲出版社彭正雄先生一再爲我詩創作世界不斷出版書籍的盛情與盛意，尤其是他一生以文化考量所呈現的出版家精神，於堅苦中一直爲出版事業所作的努力與貢獻，令人感佩。

二〇〇〇年九月廿五日

心靈世界的回響 目次

——羅門詩作評論集

我堅信人類的前途，於解決現實的生存與生活過後，應讓詩與藝術而非導彈來導航；因為詩與藝術超越中的美，可美化哲學、科學、政治、歷史乃至宗教；能將人世界帶到接近真理完美與永恒的存在之境」

（羅門）

羅門及其文學業績

——論羅門的詩歌藝術

張　健

羅門（西元一九二八年—），現代詩人、批評家。本名韓仁存，廣東文昌人。藍星詩社大將。

他因爲大陸淪陷，少年來臺，就讀空軍幼校、空軍飛行學校，曾任空軍飛行員，後因打足球受傷，提前退役，改入民航局服務，曾赴美國奧克拉荷馬州航空學校受訓數月，現已退休，專事寫作，並經常參與藝術家的活動，與畫家林壽宇、莊喆等結爲好友，爲藝壇之知音與藝評家。

他從事現代詩創作已有四十多年，詩風堅實，爲陽剛派巨擘，以意象繁富、想像卓特見稱。而且不時發表評論，四出演說、座談，對年輕的詩作者及讀者發生宏大的影響力，現在藍星詩社中擔任社長，先後主編《藍星》詩刊、詩頁、年刊，頗有貢獻。

他的詩一貫地剛強、濃醇，「大風起兮雲飛揚。」對現代的事物及人間現象特別敏感，而又懷抱傳統人文主義的理想，儼然以詩人中的貝多芬自視，高唱人類的心靈之歌，力抗物質文明的急驟潮流。

早期作品收集在《曙光》（一九五八年）一集中，大部分不免過於直率，用喻亦連根帶葉，主題明朗，且富有浪漫情調，論者以爲其風格在拜倫與惠特曼之間。如《城裏的十字架》、《英雄頌》等。之後技巧更進步，內容也更深刻；意象繁美，節奏上波瀾起伏，氣勢上盤旋變化，使他作爲詩壇上重要的一人。《第九日的底流》、《都市之死》、《死亡之塔》是他六十年代最重要的三組代表作，前者標有副題「獻給樂聖貝多芬」，乃是在現實中追求永恆之境的一系列回響：

而在你音色輝映的塔國裏
純淨的時間仍被鐘錶的雙手捏住
萬物回到自己的本位，以可愛的容貌相視
我的心境美如典雅的織品，置入你的透明。

《都市之死》探討現代文明的癥結及現代人的墮落與悲哀，《死亡之塔》由紀念亡友覃子豪出發，探究生與死的嚴肅問題。間或創作小品，其思雖巧，其辭反覺生硬，後期作品如《升起的河流》、《天安門廣場印象》、《時空奏鳴曲》等，奇喻屢見，較善剪裁，亦膾炙人口。

他曾在《羅門詩選》自序中分述他的作品內涵：一、透過戰爭的苦難，追蹤人的生命，二、透過都市文明與性，探討人生，三、表現對死亡與時空的默想，四、透過對自我存在的默想，表現生命感，五、對大自然的觀照。六、其他生存情境的探索。

除前述者外，他的詩集尚有：《曠野》、《有一條永遠的路》、《日月集》（與夫人蓉子合集）、《第九日的底流》、《死亡之塔》、《羅門自選集》、《隱形的椅子》、《整個世界停止呼吸在起跑線上》等。論文集《現代人的悲劇精神與現代詩人》、《心靈訪問記》、《長期受著審判的人》、《時空的回聲》、《詩眼看世界》。他的文藝理論可謂體大而思博，但氣壯理直之餘，也不免有排山倒海、欲罷不能之勢，而且前後常重複強調自己的主要理念，有時用喻過多，反而令讀者不能一目了然。

（八十五年四月三民書局出版的「傳統到現代」）

作者：詩人、評論家、臺灣大學教授

追索「前進中的永恆」
——論羅門的詩歌藝術

龍彼德

「永恆」，恐怕是所有的詞典中最絢麗也最神秘的一個詞。人的偉大就在於他是唯一爲永恆而造的生命，他渴望永恆，並追索永恆；人的渺小也在於此，因爲他難免一死，渴望的得不到，追索的總落空。偉大與渺小，構成了人的悖論。「永恆」，既是人的夢想，人的宗教，更是人的詩。

羅門的幾首得意之作，都標有「永恆」的字樣。如《第九日的底流》，詩前小序如是說：「不安似海的貝多芬伴第九交響樂長眠地下，我在地上張目活著，除了這種顫慄性的美，還有什麼能到永恆哪裡去。」《曠野》，詩前的題詞：「以原本的遼闊，守望到最後，凡是完美的，都將被它望入永恆」《麥堅利堡》詩中，有「永恆無聲」的句子；《觀海》的最後一行，是「你便飄得比永恆還遠」……最短的詩《天地線是宇宙最後的一根弦》，因字數少無法容納，詩人將「永恆的回聲」安置在後設的「附語」中。長詩《大峽谷奏鳴曲》，更明確地寫道：「只要跟著地球轉／無數變化的圓面／便在時空的縱向與橫向裡／旋成停不下來的螺旋塔／所有的眼睛都在塔上／看前進中的永恆／往哪裡走」……

追索「前進中的永恆」，便是被人稱爲「重量級詩人」、「現代詩的守護神」、「知性派的思想型詩人」的羅門的詩歌藝術。

壹

什麼是「前進中的永恆」？請看羅門下面的三段話：

『詩與藝術幫助我們超越「第一自然（田園）」與「第二自然（都市）」兩大現實生存空間，進而去建立內心無限地轉化與昇華的「第三自然」空間，使我們不但能看見陶淵明悠然的「南山」與王維的「山色有無中」的境界，也能看見「現代主義」與「後現代主義」……等種種主義如何將暫時性的「主義」，在其中溶解且繼續向前升越與演化進入「螺旋型」的存在與變化的生命架構；而發現在詩與藝術所展開的內心「第三自然」空間裡，「現代」兩字的時空觀念，已是一「前進中的永恆」時刻，而非被鐘錶齒輪與「高速」工業文明切割下連接不起來的時間碎片。——《內在世界的燈柱》

由以上所說的，可見「第三自然螺旋型架構」在現代急速的「存在與變化」所造成不斷的遺棄中，以及在習慣信仰上帝「永恆」世界的固有模式中，它透過不斷超越與昇華的創作生命，確已發現與重認到另一種「永恆」存在的型態，它便是我所謂的「前進中的永恆」所形成的在歲月與時空中那種永遠不死的超越的存在，於存在與變化中，所不斷展現的永恆感。像那許多不斷在歷史中重現的偉大人物的生命形象，他們偉大的創作精神已進入湯恩比所認爲的「助使人類尋找到宇宙之中、之後、之外的超越的眞實」之具有永恆感的存在。當然，這同教徒心目中所始終信仰的不變的「永恆」雖相似，但不完全相同。所以，我們站在「第三自然螺旋型架構」上，可以說：「詩人與藝術家創造了人類心靈的另一個令人嚮往的永恆的世界，同上帝永恆的天國，門當戶對。」——《「第三自然螺旋架構」的創作理念》

注：本文中一再提到的「美」這個字，它指的不只是外在表象的美，而更是所有藝術家與詩人特別追求的內在精神、思想與觀念之「美」；也不只是快樂、幸福、理想與希望……等是「美」的，就是痛苦、悲劇乃至虛無與絕望……等在生存過程中所難免遭遇到的生命情境，在詩與藝術中也能轉化呈現出莊嚴甚至震憾性的「美」的存在。——《詩與藝術眞那麼重要嗎？它帶給人類眞正永恆的財富：「美」》。

「永恆」而加上「前進中的」定語，可知它同教徒們信仰的不變的「永恆」雖相似，但不完全相同。它是「於存在與變化中，所不斷展現的永恆感」；是詩與藝術在人類心靈中，創造的「一種永遠不死的超越的存在」；是淡化時空、忘記生死的美。

羅門曾經引用唐代詩人柳宗元的詩〈江雪〉，來加以說明。他指出：柳宗元在千年前寫「獨釣寒江雪」，是在看得見有江有雪的景物來寫出人存在於荒寒中的孤寂感，表現心靈在超越存在中的覺悟之境。其中的「雪」，既不是「第一自然」山頂上的雪，也不是「第二自然」電冰箱裡的雪，而是冰結在內心「第三自然」中已一千多年，永遠化不掉的雪。由於它不斷激起並將繼續激起不同時代不同讀者的「人存在於荒寒中的孤寂感」，它便超越時空，成為「前進中的永恆」。

羅門寫於一九八六年的〈飛在雲上三萬呎高空讀詩看畫〉，也是一個典型的例子。

世界只留下
最後一塊版面
給日月星辰排用
其他的都暗入雲山

雲下，只有煙囪與炮管；雲上，茫茫一片，「而太空船又能運回／多少天空／多少渺茫」

羅門是在不見江河不見地上景物的高空，來寫人存在於時空中的荒寒與孤寂感的：

在沒有終點站的渾沌裡
問時間　春夏秋冬都在睡
問空間　東南西北都不在
整個世界空在那裡

羅門的這一「飛」，既不是「第一自然」鳥之飛，也不完全是「第二自然」飛機之飛，而是「第三自然」人的心靈之飛；看不到起點，也看不到終點，呈現在讀者面前的只是一個過程。人的本質不正是這樣嗎？不知從何處來，也不知向何處去，生命體現為一個運動的過程。「日月之行，若出其中。星漢燦爛，若出其裡。」輝煌在過程，意義也在過程。這一「飛」，因而成為「前進中的永恆」。

貳

正是出於對「前進中的永恆」的追索，使羅門的選材有別於其他的詩人。他既不同於「以詩經文學的節制爲標準，採取新古典主義的回歸精神，並佐以楚辭文學的自由和奔放」的楊牧；也迥異於將周圍平實的事物入詩，擅於渲染氣氛，藉時間的片刻與空間的一點，勾勒出意象鮮明的詩境的鄭愁予；與余光中比較，他缺少對方的那份華貴瀟灑的學者氣質，卻多了一股放浪不羈的狂野激情；與洛夫對照，人家陶醉於與自然的對話，求天人合一，他則正面闖入都市，直探都市人的心靈病灶……從大處著眼的宇宙意識，從當下出發的批判精神，可以說是羅門在詩的選材上的兩大特點。

先談宇宙意識。如：〈隱形的椅子〉、〈長在「後現代」背後的一顆黑痣〉、〈全人類都在流浪〉、〈天地線是宇宙最後的一根弦〉、〈太陽背上光的十字架〉等，光看詩題就大得可以，再看詩句：「落葉是被風坐去的那張椅子／流水是被荒野坐去的那張椅子／鳥與雲是放在天空裡／很遠的那張椅子」；「在英雄與命運交響樂中／尼采沿著地球的直軸／向天頂爬昇／圖以自己的心　對換宇宙的心／同永恆簽約」；「人在火車裡走／火車在地球裡走／地球在太空裡走／太空在茫茫裡走」……更是大得驚人。大視野，大場景，給人以大興奮、大感受，但離不開小，有的詩只有大沒有小，似缺少了襯托。

再談批判精神。如〈都市之死〉、〈都市你要到那裡去〉、〈世紀末病在都市裡〉、〈都市的落幕式〉、〈都市心電圖〉等，這些詩皆緊扣現代大都市的脈搏，著力表現「當下」、「此刻」的情狀與變化，重心在於拷問與批判。「如行車抓住馬路急馳／人們抓住自己的影子急行／在來不及看的變動裡看／在來不及想的迴旋裡想／在來不及死的時刻裡死」，這是速度，是都市機械化、非人化的外部徵象；「神看得見，／都市！你一直往「她」那裡去。如果說戰場抱住炸彈，／都市！你便抱住「她」——肉彈。」這是性欲，是人的靈魂與道德墮落的內部徵象。「都市你一身都是病／氣喘在克勞酸裡／癱瘓在電梯上／痙攣在電療院裡／於癲狂症發作的周末／只有床忍受得了你」羅門對準都市的病態，射出了一排排密集的子彈……近距離，短平快，給人以強刺激、強震憾。但近離不開遠，有的詩只有近沒遠，似少了間隔。

選材決定了主題，羅門在詩中表現得最多也表現得最成功的，有以下五個主題：

一、自由。主要體現在時空詩中。如〈窗〉。「猛力一推　雙手如流／總是千山萬水／總是回不來的眼睛」，望向無限的時空，追求最大的自由。然而，事與願違：「猛力一推竟被反鎖在走不出去／的透明裡」透明反而成爲新的牢籠。不自由無所不在，求自由更加執著。這首詩，使我們很自然地想到唐代詩人陳子昂的〈登幽州台歌〉，與英國當代名詩人拉肯的「前面沒有東西　腳跨過去　後邊的門　砰然關上」等詩句，三者都是「前進中的永恆」。

二、困境。主要體現在死亡詩中。羅門在〈人類存在的四大困境〉一文中，提及「愛欲引起的困境」、「回歸純我引起的困境」、「戰爭引起的困境」、「死亡所引起的困境」四種，而將第四種困境稱爲「使人類精神更顯示其偉大性的困境」，可見其對寫死亡的熱衷與重視。長詩〈死亡之塔〉，對此做了深入與多向性的判視。「打穀場將成熟的穀物打盡／死亡是那架不磨也利得發亮的收割機／誰也不知自己屬於那一季」；「朋友　在入晚的廊柱下／你眼睛的紡車被夜卸下搖把　紡不出視線／坐姿便棄椅而去　燈也死在罩裡」；「當永久的假期寫在碑石上／你是那只跌碎的錶　被時間永遠地解雇了」；「當棺木鐵鎚與長釘擠入一個淒然的音響／天國朝下　一條斷繩在絕崖上」……意象華美、詭譎，難怪里爾克說：「死亡是生命的成熟」，羅門也說：「生命最大的回聲，是碰上死亡才響的」。以死激發生，呈現困境目的是要打破困境。

三、異化。主要體現在都市詩中。這與詩人的認知有關，在〈內在世界的燈柱〉一文中，羅門就這樣寫道：「我們當中的大多數人，已日漸成爲追逐物質文明與吞吃機械成品的人獸，而且在受傷中嘶喊。」「在都市，人不停的打電動玩具；電動現具也把人當做肉動玩具來打。」所以，BB型單身女秘書「她對鏡／塗一下玫瑰色口紅／忽然發覺自己／也是一種貨色／玫瑰色的／準時交貨」；老處女型企業家「帶著笑聲回房／脫下名貴的浪琴錶／時間忽然靜下來／浪無聲／琴也無聲／熄燈後／只有那襲綢質透明睡衣／抱住一個越來越冷感的夜」……，人異化爲物，都市的生存空間出現了危機。

四、兩難。主要體現在戰爭詩中，如〈麥堅利堡〉，揭示了偉大與死亡、肯定與否定、神聖與茫然的兩難狀態。「戰爭坐在這裡哭誰／它的笑聲　曾使七萬個靈魂陷落在比睡眠還深的地帶」；「血已把偉大的紀念沖洗了出來／戰爭都哭了　偉大它爲什麼不笑」；「麥堅利堡是浪花已塑成碑林的陸上太平洋／一幅悲天泣地的大浮雕　掛入死亡最黑的背景」……場面觸目驚心，矛盾十分尖銳。正如羅門在詩後注解中所云：「戰爭是人類生命與文化數千年來所面對的一個含有偉大悲劇性的主題。在戰爭中，人類往往必須以一隻手握住『勝利』、『光榮』、『偉大』與『神聖』，以另一隻手去握住滿掌的血，這確是使上帝既無法編導也不忍心去看的一幕悲劇。可是爲了自由、眞理、正義與生存，人類又往往不能不去勇敢的接受戰爭。當戰爭來時，在炸彈爆炸的半徑裡，管你是穿軍服便服童裝吐乳裝乃至神父的聖袍都必須同樣的成爲炸彈發怒的對象；可是戰爭過後，當我們抓住敵人俘虜，卻又不忍心殺他；的確透過人類高度的智慧與深入的良知，我們確實感知到戰爭已是構成人類生存困境中，較重大的一個困境，因爲它處在「血」與「偉大」的對視中，它的副產品是冷漠且恐怖的「死亡」。

五、救贖。主要體現在藝術詩中。如〈第九日的底流〉，就是一首關於藝術的長詩。當貝多芬的《第九交響樂》莊嚴地奏響，詩人寫道：「你步返　踩動唱盤裡不死的年輪／我便跟隨你成爲迴旋的春日／在那一林一林的泉聲中」羅門正視人類的悲劇，但更確信藝術的力量能夠戰勝這悲劇，救贖扭曲的靈魂，糾正人性的異化，安撫存在的痛苦。死亡的威脅與藝術的超越同時存在，並構成了相反的兩極，生命便在這矛盾對立中沉淨爲海底的潛流，充份體現那「渾圓與單純」的美。這種美，在羅門的另一首詩〈螺旋形之戀〉中，作如是解：「它只是一種無阻地旋進去的方向／一種屬於小提琴與鋼琴的道路／一種用眼睛也排不完的遠方／一種醒中的全睡　睡中的全醒／一種等於上帝又甚於上帝的存在」而在〈從我「第三自然世界」看詩的終極價值〉一文中，羅門認為：「詩與藝術創造的『美』是構成上帝生命實質的東西。」「在人類存在的世界裡，面對高科技與物質文明勢必更為強勢的二十一世紀，詩與藝術，更應被視為建構人類理想與優美的新人文生活空間的主要且絕對的巨大力量。」正因為如此，羅門將詩與藝術當作自己的宗教，自己的信仰，為詩與藝術奉獻了一切，其狂熱與執著不能不使人由衷感佩。

叁

也是出於對「前進中的永恆」的追索，使羅門的藝術手法不拘一格。

一九九五年十二月，在北京召開「羅門、蓉子創作世界學術研討會暨《羅門、蓉子文學創作系列》推介禮」期間，羅門在接受北京大學研究生陳旭光的訪問時說：「我覺得一個詩人應該有打破一切條條框框去吸取一切能為他所用的東西的勇氣和氣魄，因此，我不在乎現代還是後現代，我只希望自己站在生存的眞實時空裡，用畢加索三六〇度的掃描鏡，把古今中外都當作材料，無論東西方，只要對詩有用，都是我的資源。」這正是一個傑出的現代詩人應該具備的不帶偏見、宏闊開放的藝術胸襟，廣泛借鑒、壯大自己的吸收能力，不斷開拓、銳意求新的創造精神。

具體說來，羅門正確處理了以下三組關係——

後現代與現代的關係

羅門的做法是，既解構，又重建。解構是針對一切存在，且全面徹底：打通古、今、中、外的時空範疇，打通「田園」、「都市」與「太空」的生存時空環境，打通科技與人文空間的雙向交流，一切材質爲我所用，一切流派供我所需；採取「拼湊」與「組合」的手段，構成多維度、多向度、多元性的藝術品；加強各部分的聯繫，在「環境藝術」的互動中，保持有機的整體性。這些，無疑都是後現代的特點。重建則是在此基礎上的整合，主動而又科學：克服斷裂的亂象與價值錯位，從多頭中確立中心，將無序變爲有序，張揚主體精神，追求有深度與崇高感的生命思想情境，即詩人經常提到的「有可見的提昇力與向上發展的『美』」。這些，自然都是現代的特點，後現代與現代的結合，使陳旭光不由得發出驚嘆：「我覺得，面對您的博大深沉的詩歌藝術世界，理論、術語將不能不表現出蒼白和貧弱，難免給人以削足適履之感。」

如：〈大峽谷奏鳴曲〉，寫「詩與藝術守望的世界」。一開篇就是解構：

千萬座深淵在這裡沉落
無數向下的↓↓↓
追著死亡
所有的石屋解體在石壁上
都找不到原來的建築圖

接著，是拚湊：

至於
惠特曼有沒有
　駕著西部的蓬連來過
柳宗元有沒有
　把寒江釣到這裡來
從不說話的蠻荒與孤寂
　都不知道
天空也沒有人管
鳥帶著山水飛來
飛機帶著都市飛去
你是牽著鳥翅與機翅在飛的
　那條線

在這裡，古、今、中、外都被打通了，田園、都市與太空的界限消失了，科技與人文也融合在一起，緊接著，是三條線的組合：
　飛到接近太陽出來的東方
　另一條現
接著從萬里長城

揮出來
帶著大自然的風景與
起伏的歷史
滿天飛
飛到鳥翅與機翅
都飛不過去
另一條線
便從茫茫的天地間
飄出來
閑在那裡

「這三條線 握在你手中」，眞是不可思議的奇妙的組合，堪稱天地錯位，多維度、多向度、多元性！

就在此時，重建開始了：
看天空與曠野寫下合同
你將無數剛柔的
疊層與色面
建架入絢麗雄偉的型構

水墨流過
便是東方的山水畫
幾何圖形進來
便是西方的立體造型
如果流過谷底的科羅拉多河
　　是弦線
裝在二胡與小提琴上
都一樣拉出最原始的
　　音色
　　音階
　　與回響
世界便好看好聽的
　　拉在一起了

無序變爲有序，主體精神得到了強化，避免了斷裂的亂象與價値錯位。正是詩這種「畫面與結構重新整合」（原文爲「組合」，筆者改了一個字）的努力，從而使詩思導向有深度與崇高感的生命思想情境：

沿著深度走下去

順著高度走上來
大峽谷你垂直的視線
同地球的軸直在一起
下端碰到地
上端頂著天
只要跟著地球轉
無數變化的圓面
便在時空的縱向與橫向裡
旋成停不下來的螺旋塔
所有的眼睛都在塔上
　看前進中的永恆
　　往哪裡走

這就是「明麗」，這就是「美」！稍感不足的是，長詩的後半部意象較爲疏朗，密度欠缺，多少影響了作品的張力。

西方與東方的關係

羅門的選擇是，西方的知性，東方的靈視。前者，指詩人面度世界，要進行一種基於思索性的沉思默想，透過想像與意象的感知力量，在詩中追蹤那具超越性的思想。後者，強調詩人必須用心靈去追索與探視世界，用直觀的、通觀的與統化的方式，把所有存在的事物與思想意識都全部交感、轉化、昇華為無限的生命。按照筆者的理解，用一種比較通俗的說法，知性就是認知，就是詩想，是經過思考與判斷的生命體驗；靈視包括感性、直覺與悟性，從可見之域聯繫並發掘出不可見之域，將封閉引向開放，以有限溝通無限。知性與靈視的結合，使羅門的詩盡得西方詩藝與東方詩藝之妙。

如：〈傘〉，寫都市對人的異化：

他靠著公寓的窗口
看雨中的傘
　走成一個個
孤獨的世界
想起一大群人
每天從人潮滾滾的
　公車與地下道
裹住自己躲回家
　把門關上

忽然間

公寓裡所有的住屋
　全都往雨裡跑
　　直喊自己
　　　也是傘
他愣然站住
把自己緊緊揑成傘把
　而只有天空是傘
　　雨在傘裡落
　　　傘外無雨

羅門爲此詩加注。第一節：「現實的」，「記憶的」；第二節：「超現實的」；第三節：「禪悟的」。「現實的」與「記憶的」，都是可見的；「超現實的」與「禪悟的」都是不可見的，經過靈視而成爲可見的。視境由小到大，人與屋從正常到反常。詩的穿透力，在於詩人的獨特認知──都市與人對立，都市將人物化（亦即異化），通過非凡的想像（住屋是傘，人是傘把）、新奇的意象（把自己握成傘把），取得了振聾發聵的效果。

羅門也有些詩結合得不夠好，給人主題先行、詩味不足之感，如〈文化空間系列〉之一的〈三座名山〉；或雖有感性、靈性，詩思卻過於一般，如〈先看爲快〉。

傳承與創新的關係

羅門的體會是，接受傳統的本質而非形態，去創造新的傳統。在接受北京陳旭光的訪問時，羅門列舉了對待傳統的五種態度：死抱住傳統，不看現代；揹著傳統的包袱，走上現代的道路，老是瞻前顧後；從傳統走進現代，將二者溝通起來；站在現代，吸取與提升傳統的有機質素、機能與精華，建構不受制約的、全面開放的新視野；只要現在，不顧傳統。聲明：「我是站在第三種和第四種之間，較偏於第四種。」「因既可保持深度，也可有機的吸納傳統，又可展開世界觀的廣闊的創作視野，以達到絕對自由與自我獨特性且具創新性的創作精神理念。」如：古詩人寫「好風似水」，羅門寫「落葉是風的椅子」，古詩人寫「大漠孤煙直／長河落日圓」，羅門寫曠野「你隨天空闊過去／帶遙遠入寧靜」；古詩人寫「姑蘇城外寒山寺／夜半鐘聲到客船」，羅門寫「他帶著自己的影子在走／一顆星也在很遠很遠裡帶著天空在走」；古詩人寫「卷簾望月空長嘆／美人如花隔雲端」，羅門寫「踩在腳下的地毯／它該是哪一種鄉土」……這些詩，足可說明羅門並沒有排除傳統古典詩所強調的意境、語言的意蘊與純度，以及各種拍攝鏡頭的手法。這是現代新的存在時空環境，使羅門創造出同現代人思維比較接近，同古代人則同中有異的新的美感經驗空間。也就是有些學者說的，「對傳統的『創造性轉化』」。

說羅門「絲毫感受不到『古典的陰影』」，是不對的。在〈時空奏鳴曲〉中，我們就讀到這樣的詩句：

如果這條線
是一筆描
動便長江萬里
靜便萬里長城
那些凍結在記憶與冰箱裡的
　　　　　　冰山冰水
都流回大山大水
把鐵絲網與彈片全沖掉
祖國　你便泳著江南的陽光來
　　　　滑著北地的雪原去
然後　打開綠野的大茶壺
　　　捧著藍天的大瓷壺
　　　不在那小小的茶藝館裡
從「黃河入海流」
飲到「孤帆遠影碧空盡」
從「月湧大江流」
飲到「野渡無人舟自橫」

讓從巴黎倫敦與紐約
　　進來的照相機
都裝滿第一流的山水與文化回去
讓唐朝再回來說
那是開得最久最美的
　　一朵東方

既有戰爭，又有鄉愁，鄉愁因戰爭而更加沉鬱；既有今日，又有往昔，今日因往昔而更加凝重；既有風景，又有文化，風景因文化而更加靜美；既有羅詩，又有唐詩，羅（門）詩因唐詩而更加委婉……這不是很中國，又很人類，很古典，又很現代的嗎？

無論繼承中國古典詩詞，還是借鑒外國現代與後現代詩的精華，都代替不了羅門的創新，且都服務於他的創新。所以，他反覆強調：「我一直認爲只有確實建立獨特非凡的、經得起思想與時空考驗的自我創作風貌，方有被世界重視與追憶的可能。」「由於現代生活引發新的物境與心境，使我們的經驗世界斷然有了新的變故，加上知識的爆發，使我們對外在世界的觀察與認知也有新的變故，這都在推動詩人去表現一個異於往昔形態的創作世界，這並不含有背棄傳統，這只是必須向前創作新的傳統。」

肆

追索「前進中的永恆」，亦影響到羅門詩的語言與詩的形式。

羅門詩的語言，有這樣幾個特徵：

第一、現代感

羅門說：「我特別強調『現代感』——也就是強調創作的新穎與變化。」他解釋「現代」二字的「時間感」，爲「『這一秒』與『下一秒』相溶合、整體存在成一『前進中的永恆』時刻。它不但含有『存在與變化』的進步狀態；而且流露出超越文明的『文化性』與『歷史性』。」「因此我認爲做爲一個現代詩人，不能停步在不變的傳統中，應對現代新存在處境有敏銳的觀察力、透視力與『現代感』，去發覺詩語言所面臨的新環境及在創作上所發生的一切新的可能性，以便在創作中，運用最確切與有機的語言媒體……」如〈都市三腳架〉、〈「麥當勞」午餐時間〉、〈帶著世紀末跑的麥可傑克遜〉、〈迷你裙〉、〈露背裝〉、〈眼睛的收容所〉、〈卡拉OK〉、〈後現代A管道〉等詩，呈現給讀者的都是新環境、新語言。

窗內一盤餐飲／窗外一盤街景／手裡的刀叉／較來往的車／還快速地穿越／迷你而帥
勁的中午

裁紙刀般　刷的一聲／將夜裁成兩半／一半剛被眼睛調成彩色版／另一半已印成愛鳳
床單

跟紅綠燈接力跑的眼睛／跟公文來回跑的眼睛／跟新聞到處跑的眼睛／跟股市行情追

著跑的眼睛／跟菜單腸胃齊跑的眼睛／跟女人乳峰上下跑的眼睛／跟刀槍與血路逃跑的眼睛／跟禱告往天堂直跑的眼睛／無論是近視遠視與老花／是帶眼鏡不帶眼鏡／跑了一整天／都一個個累倒在／電視機的收容所裡

讀著上列的詩句，誰不爲其時代感、現場感、文化性、都市性所組成的現代感所衝動!?

第二、陌生化。

傑出的詩人，是給萬物重新命名的人，羅門也不例外，他運用了各種手段，使語言陌生化，收到令人驚異乃至震憾的效果。如：

整個寂靜在那一握裡

伸開來　江河便沿掌紋而流

滿目都是水聲——〈海〉

這是通感。

一隻鳥把路飛起來
雙目遠過翅膀時
那朵圓寂便將你
整個開放

這是投射。

他不走了

路反過來走他
城裡那尾好看的週末仍在走
——〈車禍〉

這是主客易位。

明天 當第一扇百葉窗
將太陽拉成一把梯子
——〈流浪人〉

這是客體顛倒。

天空不穿衣服在雲上
海不穿衣服在風浪裡
——〈逃〉

這是大小錯置。

我們即使站在眼睛裡，也看不出眼睛在看的什麼
坐在心上 也想不出心裡在想的什麼
——〈死亡之塔〉

這是反常搭配。

奇句、警句、怪句、不勝枚舉。

第三、豐富性

羅門詩的語言，既有口語，也有文言，既有古典詩詞，還有外來詞彙……眞是多種多樣，十分豐富。上舉諸例，可資說明。除此而外，他還注意語氣、語勢、語態、語感，於自由流暢中形成內在節奏。如

凡是坡度　都長滿了韻律
凡是彎處　都敏感
都很滑
都多漩渦
都救不出千山萬水
除了大地　誰能讓你那樣去
除了海底　誰知道你來
除了那條水平線　誰看見你已來過——〈河〉

這是一首描寫女體的詩，以抽象寫具象，以形而下寫形而上，整齊，自然，充滿了律動美。這也是羅門查驗詩歌語言五個質點之一：抽象畫大師康定斯基的標準。

在《羅門詩選》（洪範書店一九八四年版）中，羅門提到了自己的語言走向：「是由早期想像任放與較透明的直敘語態；轉變為中期意象繁複繽紛覆疊與較深入的悟知語態；再就是近年來……要求自己盡力走上『有深度的平易性』、『穿過錯雜的直接性』與『透過繁複的單純性』等的語路。」以此衡量，他有些詩的詩語尚有待錘煉。如〈窗的世界〉、〈車上〉、〈溪頭游〉等詩。

羅門詩的形式，值得注意的有三：

一是圖像。如〈大峽谷奏鳴曲〉之一節：

把世界罩在透明裡
裸開來看
看人
拉
著
都市
拉
著
田園
拉
著
荒野
在茫茫裡走

整個圖形就只是一隻透明的罩子，罩著一隊非凡的拉車人，他們拉的不是普通的車，而是都市、田園、荒野。也可以理解爲一個拉車人，或人拉都市，都市拉田園，田園拉荒野，相互接力，彼此互動。多角而又多面，單純而又多義，口語化又行動化還戲劇化，眞是妙不可言。

二是句式。羅門善用排比、對偶、連珠等手法，構成姿態各異的句式，既爲內容服務，又飽人的眼福。如：

快快快
快入快車道
慢慢慢
慢入斑馬線
攢攢攢
攢入地下道
爬爬爬
爬上行人橋
腳懸空
手懸空
目與天空一起空
——〈都市的旋律〉

確實名符其實，既是都市旋律，又是都市民謠。

高樓與山同坐
街道與河同流
煙塵與雲同飄

鬧市與海同盪
眼睛與波浪同形
櫥窗與風景同貌
餐廳與田園同宗
旅館與荒野同族
男人與太陽同姓
女人與月亮同名
床被與四季同睡
唇瓣與花瓣同開
酒液與露水同漾
孕婦與黎明同光
焚屍爐與夜同暗
廣場與天空同行
鐘錶與地球同轉
——〈曠野〉

一連十七行三十四個不同的事物，並列串連在一起，形象而又生動地表現了「被毛筆鋼筆寫著新的『大同篇』」。

鞋也是

遠方也是
天空裡的那片落葉也是
——〈鞋〉

相互銜接，如登樓梯，語氣遞增，詩意加濃。

還有一些句式，可見前面引用之詩。

三是附注。給自己的詩加注，加後記，加附記，在臺灣，乃至在大陸，恐怕羅門是最多的一個。這也是羅門的一大創造，起到解疑，釋題、交待典故、說明緣由、提供寫作背景……等一系列作用，對於讀者理解該詩，無疑是最好的導讀材料。

如〈天地線是宇宙最後的一根弦〉，是羅門最短的一首詩，但後設的附語卻長達四千多字，比其他詩的附注都長，堪稱一篇奇文。

正如羅門的「前言」所寫：「其實這些『附語』，也是採取詩、散文、哲思、評論……等文藝屬性所混合成的一篇文章。因此在採取後現代『文類解構』的觀念來看，則它除了是一首詩，也是一篇散文；也是一篇對生命與時空存在進行探索與判視的論文；同時在其中也有我構想中的一件地景藝術（LAND ART）作品。

不可否認，羅門的多數附注是加得好的，但也有個別加的不是很恰當的。

以上是我對羅門這位追索「前進中的永恆」的「重要級詩人」詩歌藝術的觀感、與所作的評論。

作者：詩人、評論家、浙江省文藝研究室主任八十九年三月

論羅門建構的永恒空間

區仲桃

壹

現代主義作爲一個文學概念是十分難以界定的。簡單來說，現代主義是畫家、雕刻家、建築師、作家等一切從事創作的人對現代性（MODERNITY）的反應。雖然，自有史以來，時代便不斷變更，但是從來沒有一個歷史時刻能跟十九世紀末二十世紀相比。因爲在以往的變化中，無論多麼創新，始終都跟過去有內在的聯繫；然而，本世紀初因科學技術發明所帶來的變革令人類進入一個跟歷史斷裂的時代。①貝爾（Daniel Bell）在總結現代主義衆多思潮的共通點時便指出這些運動不約而同的帶出空間及速度的新概念。②正如布雷德百里及麥克法蘭指出「現代主義作品往往與現實主義和自然主義作品不同，它們不是根據歷史或故事中歷史時間的連續性或性格發展的連續性來進行安排的；它們傾向于空間或通過各個意識層次工作，力求得到隱喻或形式的力量」。③換言之，在現代主義的作品裏，空間的重要性大有超過時間的趨勢。

事實上，從本世紀初以還的畫家，雕刻家，建築師及作家作品中，我們都可以發現一個共同的信念——希望能把時間停止（或凝固），抓著永恆，使人得以避免被時間洪流沖走。

從美學理論來說，所謂把時間停止（still the time）便涉及到「時間空間化」（the spatialization of time）的問題。④基於這個大前提出現了以畢加索爲首的立體派畫；阿支柏高（A. Archipenko）的以實體（mass）包著空間的雕塑。比起其他創作形式，建築本身對空間最爲重視，我們甚至可以說他是一門駕馭空間的藝術。然而，隨著時間的流逝，文化、技術、社會需要的轉變，建築風格（style）不斷變化。例如由古埃及式、希臘式建築開始，下至羅馬式、拜占庭式、仿羅馬式、哥德式、文藝復興式、巴洛克式建築等等處理空間的風格的層出不窮。進入現代以後，一些建築師如柯布西埃（Le Corbusier）在建築領域倡導「純粹主義」（Purism）提出了建築的普遍原則，嘗試爲建築尋找永恆定律。

以上談到的是在實質的有形空間的層面上，空間受到前所未有的重視。其實，在想像空間或幻想空間（space of imagination/poetic space）的層面上，空間受重視的程度亦把時間比下去。巴卓立特（G.Bachelard）指出在我們想像空間中佔了重要位置的是記憶。過去，人們以爲是通過時間去認識自己的；事實上，根據巴氏的理論，我們是透過一連串場所（空間）把自己固定下來，不至隨時間逝去而消失。若一個人不希望在時間中（即使是在過去的時間中）消逝的話，他唯有通過無數空間把自己「固定」下來。因此，每一個空間都包含了無數壓縮了的時間。⑤簡言之，人們是通過空間而不是通過時間來認識自己的。

雖然在現代主義這個標籤下，有各種各樣不同的主義，例象徵主義、立體主義、意象主義、超現實主義等等，表面上這些「主義」（—isms）都風馬牛不相及似的，但在這片混亂

（chaos）的外表下其實深藏著一個共同的美學理念：將瞬間即逝的時間通過空間化而把它流住，達至永恆。

現代主義作爲一個國際性的文藝思潮足跡遍及多個國家，中國亦沒有例外，自新文學運動開展以來中國文學便跟現代主義扯上關係。其實，當中國新詩仍處於嘗試階段時便對時空觀念有初步的認識。例如胡適的詩作〈一念〉便反映了他對速度十分敏感，同期的詩人郭沫若同樣對空間及速度十分有興趣。然而，這兩位詩人並沒有在這個題材上鑽研下去。胡適很快便轉移投入學術研究，郭沫若則集中創作帶有革命現實主義精神的詩歌。及至三十年代以施蟄存主編的雜誌《現代》爲首開始有城市詩的出現。同一時間卞之琳亦創作了很多時空交錯的作品如〈距離的組織〉、〈音塵〉及〈白螺殼〉等等。然而，這個時期的作品並沒有把空間的重要性提升至高於時間的位置。總體來說，時間始終佔較重要的地位。這裡可以從兩方面理解。首先，著重時間，尤其是已逝去的時間，例如懷古是中國古典詩中的一個重要主題。其次，在社會學理論（尤其是馬克思的理論）中強調社會隨著時間過去，是不斷進步的。例如由原始社會按線性（即時間是有開始和終結的直線）的模式前進，經過不同的社會階段，最後達至共產主義社會模式，三十年代的中國，政治形勢處於外憂內患的緊張局面，馬克思理論中強調社會作線性的演進的知識分子帶來希望。空間的重要性在四十年代化的九葉派詩人的作品中得到一定的提升。由於部份九葉派詩人受里爾克影響的關係，所以他們對靜態的雕刻美特別感興趣。例如陳敬容在〈文〈字〉一詩中便寫道「每一個文字是一尊雕像／固定的輪廓下有流動的思想」⑥這裏詩人把「液態」（時間性）的「思想」「固態化」（空間化）。然而，基於中國大陸當時的實際情況，這些詩人的作品中不可避免的充滿時代的烙印。時間性始終佔了一個重要的地位。例如：唐祈的〈時間與旗〉等。從以上簡單的介紹中可以得知現代主義在中國發展的過程並不順利，而且它的美學理想並未在中國大陸得到全面實踐。

事實上，現代主義的美學理念根本很難在現實空間實踐的，因爲外在世界是不斷變動的，所以要在瞬即幻變的世界尋找永恆空間是近乎絕望的。若要找到永恆不變的東西，唯有往想像空間去。正如象徵主義者、超現實主義者等，他們強調的都是內在空間、想像空間而並非現實空間。因爲在人類意識裏的事物受到時間的沖擊是最少的。然而，在正常的情況下，人們很少會放棄現實空間投向想像空間的。這正是現代主義美學理念難以在四九年以前的中國大陸得以實踐的原因之一。因爲基本上每個人對自己的國家、土地都是有感情的，尤其當國家正堪於危難中。若說中國大陸礙於客觀條件難以發展現代主義美學的話。那麼，臺灣卻正因爲客觀條件的關係於五、六十年代十分適合發展現代主義美學。這裏的原因十分簡單，由於當時從大陸被迫遷往臺灣的作家根本對臺灣的現實空間沒有多大感情的關係，所以他們絕大部份都活在內在空間或想像空間裏。然而隨著這些詩人作家對現實生活空間（臺灣）產生感情，於是他們放棄了想像空間，走回現實空間去。七十年代鄉土文學興起正好說明這個問題。在衆多臺灣詩人中，羅門是少數眞正實踐及堅持現代主義美學理念的詩人。羅門從理論、詩歌創作和燈屋及其它造型藝術三方面著手實現了現代主義的美學理念：在瞬即流逝的現實空間中找到永恆，避免給時間洪流沖走。文章以下部分將通過分析以上三方面從而探討羅門所建構的永恆空間。

貳、

羅門的創作無論是詩歌或造型藝術的實踐都離不開他的主要理論：第三自然螺旋型架構。事實上，羅門是中國現代詩人中少數對空間、時間及速度有極高敏感度的詩人。我相信跟他早年從事航空工作不無關係，飛機的發明令人們對速度的感覺加強了，若以量去計算時間的話，時間會顯得增多了，空間距離則縮小了，即所謂時空壓縮（time-space compression）。正如羅門指出「在『都市文明』的生活中，因爲汽車、火車、飛機等機械化的交通工具，速度較快，則生存的時間量度增大，空間縮小。」⑥詩人認爲時空觀產生變化的結果造成「時間與空間觀念的混亂」「在現代，短暫與永恆，過去現在與未來，往往被擠在一起……造成現代人對時空的觀念特別感到漠然」⑦羅門進一步指出「現代詩人爲要掙脫悲劇性的宿命論對生存的封鎖，以便從有限的、窒息的、封閉的與陰暗的現實層面打開出口，使內在精神得到無限的活動與超越，便也自然地對超現實與抽象的世界沉迷與神往了……」⑨然而，詩人亦預視到「藝術家的精神，極難長期活動在一個沒有碑界與扶欄的抽象世界裡；當「內在」進行著一連串的沒有邊際的逃奔、追索與流浪之後，心靈難免要在不可抑制的困累感中，自然地想望著一個拉環，把柄與有依靠的具象世界，以便將流動不定的自我帶住與穩固住……」

⑩羅門的「第三自然螺旋架構」便意圖反映以上的理念。所謂「第三自然」是指藝術家、詩人的內心世界，這個世界的特點是詩人、藝術家把外在現實世界，例田園（第一自然）及城市（第二自然）昇華，把美再重新展現出來。

羅門的「第三自然」理論是從空間及時間兩方面著眼的。「第一自然」的空間形式是屬於過去的；「第二自然」的空間形式是屬於現在的。⑪「第三自然」則屬於超越現實空間和時間的內心世界。由於羅門把時間這個因素納入考慮中，因此當他用圖形表達「第三自然螺旋架構」時，那座螺旋形架構不是靜止的，而是不斷向上作三百六十度旋轉的。雖然羅門強調客觀時間的重要性，但我並不認爲羅門重視時間多於空間；相反，從詩人的詩創作及造型藝術兩方面的實踐來看，由「第一自然」過渡至「第二自然」只不過是一個過程，他的最終理想是進入「第三自然」這個永恆空間；換言之，羅門重視的是空間而不是時間。⑫

叁、

林燿德在〈三六〇度層疊空間——論羅門的意識造型〉一文中準確指出羅門「的詩觀中最重要的一項特色，就是將抽象思維落實在意象和幾何構造的喻依上」⑬事實上，羅門在解釋其「第三自然螺旋架構」的創作理念時便用圓形象徵「第一自然」的田園空間，三角形、方形、長方形象徵「第二自然」的城市空間，螺旋型不停地昇越的頂端象徵「第三自然」的永恆空間。

羅門的「第三自然螺旋架構」理論成於一九七四年；然而，許些關於這個架構的元素或組成部分（即圓形、三角形、螺旋塔頂）早已散見於其詩作中，而且這些元素間的有機關係亦隱約可見。例如早在一九五八年詩人在〈光穿著黑色的睡衣〉一詩中對圓形已賦予獨特的象徵意義。正如林燿德指出全詩僅七句，但跟圓形有關的地方通共有五處，例「圓燈罩」、「圓空下」、「圓禮帽」、「花圓裙」及「圓形的墳墓」，而圓形在這裡除了具有動感的「旋動的花圓裙」外，基本上都予人一種「安定」及靜止的感覺。與圓形相對的是流動著的光。同樣地光在這裏也出現了五次，其中除了「在旋動的花圓裙下……光是跳著的」以外，另外四處的光都是流著的。從羅門這首早期的短詩中我們可以看到他日後建構的「第三自然螺旋架構」的重要元素：圓形、速度及光。在這首詩中，圓形的重要性被提出來了，但詩人並沒有說明它的重要性在哪裡。光的情形跟圓形一樣，羅門只知強調它的重要性，但亦沒有解釋它爲什麼重要。這裡主要的原因是當時羅門的理論系統還未成熟，所以詩人未能把圓形跟流動的光聯繫起來，而且在視覺上詩的排列形式亦剛好在兩者之間留下空白。例如：

紫羅蘭色的圓燈罩下　　光流著
藍玉的圓空下　　光流著
邱吉爾的圓禮帽下　　光流著⑭

直至一九六〇，整個螺旋型架構的外型才告完成並在〈第九日的底流〉這首詩裏勾劃了出來：

鑽石針劃出螺旋塔
所有的建築物都自目中離去
⋯⋯
我的心境美如典雅的織品　置入你的透明
啞不作聲地似雪景閃動在冬日的流光裏⑮

在這短短的四句詩中，羅門交代了「第三自然螺旋架構」的三個主要部分——圓（鑽石針劃著的是唱片，唱片是圓形的）、螺旋塔及塔頂空間。詩中的「流光」其實是在塔頂那個「第三自然」的永恆空間所看到的景象。雖然「第三自然螺旋架構」在六〇年代已被提出來，但每個元素的喻意卻必須通過分析羅門大量的詩篇才可以體現出來。文章以下部分將集中分析「圓形」、「螺旋塔」及「塔頂空間」這幾個理論架構中的基本元素，從而加深了解詩人所建構的想像空間。

一、圓《單面的圓》

圓作爲螺旋形的底部，羅門認爲它「在空間觀感中，給人雖有圓融、包容、和諧、安定與渾圓等正面感覺；但難免也給人有保守、知足、閉關、缺乏突破、攻勢與不斷求變的精神等負面感覺；加上又是單面（平面非立體）的圓，則難免失去創作世界中的深厚度。」詩人最後把這些特徵反映到文化層面並總結了四種文化特色：「黃燈式文化」、「屏風式文化」「隔離式文化」及「循環因襲式文化」。雖然羅門在評論時並沒有直接指出「圓」跟「第一自然」的關係；然而，正如林耀德指出「在農業社會，一切事物都處於循環消長的文化生態環境，歷史興衰如『圓』之周而復始」⑯事實上羅門在其詩中亦有間接道出這個關係來。假如「圓」跟「第一自然」有直接關係這個假設可以成立的話，那麼，「圓」的象徵意義便可由直接對等的「圓的造型」擴展至一切有關大自然的詩了。例如完全沒有「圓的造型」的〈海〉、〈觀海〉及〈大峽谷奏鳴曲〉便是一些很好的例子。「海」及「大峽谷」都是大自然的景觀，亦即羅門「第三自然」架構中的「第一自然」。然而，若仔細閱讀這三首詩時，我們可以看到這些詩是描寫第一自然跟第三自然的關係的，亦即螺旋塔式跟塔頂端兩個空間的關係的。如在〈海〉這首詩的開首部分，詩人便點出了通過鋼琴聲及海，他到達了「那透明的空間」。在這裡大自然（海）跟音樂一樣是用來幫助羅門到達「第三自然」的永恆空間的。⑰同樣地，在〈觀海〉這首詩裡，詩人開始時用擬人化的手法寫海：「飲盡一條條江河／你醉成滿天風浪」然而，當「弦音琴聲」引入詩後「其中最美最耐看的／到後來都不是風景／而是開在你額上／那朵永不凋的空寂」。所謂「不凋的空寂」亦即是「光的峰頂」到達那裡後「所有的門窗都開向你」。⑱

比對起〈海〉和〈觀海〉，〈大峽谷奏鳴曲〉更爲清晰的點出「圓」跟「自然」及「第三自然螺旋塔架構」的直接關係：

沿著深度走下去
順者高度走上來

大峽谷你垂直的視線
同地球的軸直在一起
下端頂著地
上端頂著天
只要跟著地球轉
無數變化的圓面
便在時空的縱向與橫向裡
旋成停不下來的螺旋塔
所有的眼睛都在塔上
看前進中的永恆
　往那裡走⑲

這節詩是從〈大峽谷奏鳴曲〉中指出來的，羅門把量度大峽谷、深度的視線比作地球的軸，繼而想像通過轉動，那條垂直的線便變成一個螺旋塔形，而塔上那最高點便是詩人嚮往的「第三自然」永恆空間了。通過對這三首詩的簡單分析，可以總結出羅門的自然詩是很少單純描寫現實的大自然景色的，詩人往往以第一自然作中介物進入「第三自然」的境界的，羅門的自然詩在數量上佔其總體的詩創作不算最多，至於佔羅門創作中最大數量的是有關「第二自然」，即「第三自然螺旋架構」中塔形部分的詩。

二、三角形／塔／螺旋塔

正如在本文的第二部份已提到羅門「第三自然架構」中的塔並不是一座靜態的塔，它是不斷作三百六十度旋轉的塔。這裡涉及到速度的問題。至於這座塔能夠轉動的原因主要是社會從「第一自然」的生產模式（田園）進入「第二自然」的生產模式（城市）的過程中所起的變化。詩人主要以三角形來象徵「第二自然」。羅門認爲「三角形的頂端與銳角，確具有尖銳的衝刺與突破性。」它的特點是「要求突破、進步、創新、不斷的存在與變化等堅持絕對性的精神趨向上，形成一股值得重視的生命動力、然而也因此難免帶來某些對抗性、失衡、否定、冷漠、緊張、焦慮甚至含有悲劇性的存在情景。」⑳根據羅門對三角形特徵的界定，我們可以發現他大部分詩的題材都可以納入這個範疇以內，例如戰爭詩。由農業生產轉爲工業生產的過程中由於生產過剩導致向外擴張，爭取市場是必然的結果，而戰爭便是必然的手段。在詩人衆多戰爭詩中以〈麥堅利堡〉最享負盛名。此詩在一九六六年獲菲總統金牌獎。〈麥堅利堡〉雖然是一首有關戰爭的詩，但詩人並沒有直接描寫戰爭。羅門透過想像陣亡美軍死後所身處的空間從側面描寫戰爭的殘酷。詩人設想那七萬位陣亡的軍人進入一個「靜默」、「最黑」的空間。正如羅門對那些軍人說，在那裡「你們是那裡也不去了／太平洋陰森的海底是沒有門的」㉑〈麥堅利堡〉可以說是羅門的戰爭詩中最爲純粹的，因爲它只集中描述戰爭的災害，沒有像詩人日後的作品那樣涉及戰爭跟田園，大自然或跟城市的關係。例如羅門於一九九〇年再寫麥堅利堡時（〈一直躺在血裏的「麥堅利堡」〉）便在憑弔那些陣亡軍人的同時，慨嘆現代都市文明的產物例：「摩登女郎」、「紅葡萄酒」等使人忘掉了這批英勇的士兵：

當飛機與遊輪不斷運著假期
從太平洋的海上經過
有沒有人問　你在海底
什麼時候收假㉒

〈板門店·三八度線〉這首詩則提出了戰爭摧毀大自然的控訴：

鳥飛　天空逃
風吹　樹木跑
誰要是站在那裡不走
槍聲會從寂靜中
一排排過來
輕輕吐一口煙
遠處的雲　全都迴響成炮聲
天空是機翼蓋的
樹林是槍支排的
飄葉是鞋子散落的

山谷是傷口挖的
山坡是坦克起伏的
山是屍體堆成的
星夜是彈頭與眼珠綴成的
月亮一出來 便流淚
太陽一出來 便滴血㉓

至於羅門在〈時空奏鳴曲·遙望廣九鐵路〉裡更把戰爭跟田園及都市的關係都寫進詩中，此外還增添了鄉愁這主題：

在建築物龐大的陰影下
他坐來大榕樹下的童年
……
一陣驚慌
整塊土地倒在血泊裡㉔

除了戰爭詩以外，都市詩亦佔了羅門詩作中的一個重要部分。工業革命間接構成了戰爭卻直接導致生產模式及生活模式的轉變。由於科技進步，人們再不需要依賴天然資源選擇居住的地點，人們可以用科技創造人工化的生活環境。隨著工商經濟活動的頻繁，人們開始聚居在方便生產及工商活動的城市，都市詩便是描寫城市生活的作品。從農業的生產模式、田園的生活模式轉到工商業的生產模式、城市的生活模式，其中最大的轉變是生活的節奏或速度加快了。這亦是「第三自然螺旋架構」中由「第一自然」的圓面轉向「第二自然」的三角形時必須包含不斷旋轉（即速度）這元素的原因。羅門在他詩創作中亦反映了這點。例如詩人在〈都市之死〉的開首部分便指出城市生活的

如行車抓住馬路急馳
人們抓住自己的影子急行
　在來不及看的變動裡看
　在來不及想的迴旋裡想
　在來不及死的時刻裡死
速度控制著線路……[25]

然而，在面對快速的生活節奏時，詩人指出人們有兩種不同的反應，較年輕的「同整座城／坐在一起……較來往的車／還快速地穿過／迷妳而帥勁的／中午。」。同樣在〈「麥當勞」午餐時間〉中，相對於年輕一代對城市急速生活的完全適應，年紀較大的便顯得格格不入了：

一個老年人
　坐在角落裡
穿著不太合身的
　成衣西裝

吃著不太合胃的
漢堡㉖

事實上在羅門衆多的都市詩中以描寫人們對城市生活無所適從及暴露都市生活黑暗面著墨較多。其中後者可以再細分兩類，一類如〈咖啡廳〉、〈卡拉OK〉、〈迷妳裙〉、〈露背裝〉、〈銀行〉、〈搶劫與強暴〉等等……直接描寫城市人物質化、肉慾的生活。另一類如〈摩托車〉則描寫了田園跟城市的關係，在城市急速發展的過程中田園/大自然被蹂躪的情形。至於描寫人們對城市生活表現得無所適從的詩亦爲數不少，其中有一系列短詩集中表現人在快速都市生活中那種孤寂、落寞、抓不到憑藉及沒有出路的境況。例如〈窗〉及〈流浪人〉這兩首短詩。前者是一首抽象詩；後者是一首見像詩。在〈窗〉這首詩中，詩人並沒有描寫城市景像。詩的開首部分點出主人公被窗外的自然景色吸引著，不想把視線收回。而且在遙望中，主人公想回往昔。詩人在短短九句詩中便交代了主人翁對往昔及窗外大自然景色戀棧不已，令讀者不禁要問：那麼現在及窗內又如何呢？詩人最後用短短兩句詩便說明了人類現在所處的困境：被困著、沒有自由。最可怕亦最可悲的是我們是被無形的枷鎖鎖著，沒有出路：「猛力一推　竟被反鎖在走不出去/的透明裡」㉗雖然羅門在〈窗〉裡沒有交待眞正把人推進困境的東西是什麼，只用「透明」一個引人深思的詞來代替了一切的說明，但他在其它有關都市的作品及評論裡已清楚道出了城市生活和現代文明把人類的精神推進困境。簡言之，〈窗〉這首詩雖沒有從正面描寫都市生活對人類的影響，但卻從側面寫了。

如果說〈窗〉的表現手法較爲抽象的話，那麼〈流浪人〉則清晰多了。然而，所謂清晰並不等於直露。其實整首詩在表達清晰之餘，帶出了令人深省的訊息。這首詩可以分兩個層次詮釋。第一個層次可以把流浪人看作是一個單獨的個體，主人公爲生活上的失敗者，無家可歸，不得不到處流浪。第二個層次可以把流浪人看作爲大部分的現代人，他們在特定的生產及生活模式下，缺乏精神生活，沒有固定的「信仰」或精神空間。㉘若把這種狀況具體表現出來便好像一個流浪者由一個地方走到另一個地方，永無止境的流浪，因爲沒有東西把流浪人「拴」起來。正如詩人在詩中指出「『流浪人』他用燈拴自己的影子在咖啡桌的旁邊」㉙羅門這個比喻十分生動，令讀者一看已明白流浪人必然會繼續流浪下去的，因爲燈根本不是用來拴東西的，而且若要把一個人「拴」起來，「拴」他的影子亦是全無作用的。

最後，人類除了面對戰爭及城市生活的困境外，無可避免的還要面對死亡。無論人們身處在過去的「圓形年代」（田園生活模式）或是現在的「塔形年代」（城市生活模式），每個人都註定要死亡。人的死亡就好比一座由唱片旋轉而成的螺旋塔的倒塌：

誰都註定是那張要被放完的唱片
奇幻得如被漩渦旋轉成的塔
於渦流靜止時倒塌㉚

根據以上分析我們可以看到羅門有關「第二自然」或屬於塔形世界內的詩從戰爭詩、都市詩到死亡詩等等大部分都是較爲負面及絕望的。詩人相信唯有進入螺旋塔頂上的純正空間，人們才可超越時空、生死，進入永恆。

三、塔頂空間／燈屋

上文提到羅門早在一九六〇年寫〈第九日的底流〉時已透露了螺旋形架構的完整結構：圓面、螺旋塔及塔頂上的空間。塔頂上的空間是位於人類所有建築物及活動範圍之上的一片空間。那裡的特點是透明及光亮。這些特徵在〈螺旋形之戀〉、〈「燈屋」的觸覺〉及〈光住的地方〉等詩中都直接表現了出來。然而，若說最能把「第一自然」、「第二自然」及「第三自然」的關係及塔頂空間形式的情況表現出來的則要數〈有一條永遠的路〉這首詩。這首詩的開首部分只用了兩句描寫單面圓形（「第一自然」）：「天空與大地／抱著溫潤的圓形在走」，接著用了二十行詩描寫了「第二自然」（都市）的黑暗面。例如：「都市與摩天大樓／抱著冷冷的方形在走」。接下來詩人從社會不同層面如「議會」、「商場」、「戰場」、「牛肉場」等等描寫社會不安的情況。餘下的十四行羅門告訴我們怎樣透過貝多芬的音樂從紛亂的世界昇華至「第三自然」（即塔頂）進入永恆的空間：

要不是貝多芬的樂音
從滿天的風聲雨聲市聲與人聲
　　　　　　　穿越過來
　　　　　將聲音重新調好
使時間恢復原來的節奏

空間恢復原來的秩序
歲月能走出什麼好看的樣子
說出什麼更好聽的話㉛

羅門的第三自然螺旋架構從圓面、螺旋塔到塔上空間逐步地反映了詩人從外在世界（「第一自然」、「第二自然」）走進內在／內心世界（「第三自然」）的過程。事實上，從事內心探索是現代主義詩人及藝術家的主要特徵。上文提到羅門曾指出現代詩人基於現實生活的打擊，自然會沉迷于超現實與抽象世界中；然而，詩人亦察覺到長期處於流動不定的內心世界裡是會令人感到十分困累的，因此人必須在具象世界抓一個把柄。當時很多現代主義詩人都察覺到問題的存在，大部分詩人亦紛紛由內在空間轉到外在空間去，例如轉到臺灣的現實空間。其中羅門的選擇最爲特別，他把內在空間外在化，即把理論上的及詩創作中的塔上空間／永恆空間變作其現實的生活空間——燈屋。我們可以從〈螺旋形之戀〉的序中得到引證：「在我的燈屋裡，唱盤旋出螺旋形的年輪；音樂旋成螺旋形的心靈世界。」雖然羅門的家是位於臺北鬧市中，但詩人認爲燈屋是跟現實空間隔絕的，因爲它是詩人心靈空間的具體化：

門窗緊閉　示以堅然的拒絕
簾幕垂下　完成幽美的孤立
外面是消失在遠方的風

裡邊像波流涉及岸
全然絕緣後的觸及
是驟然在空氣中誕生的鐘之聲 電之光
這一塊純美的空間㉜

此外，燈屋中由羅門親手造的多盞不同造型的燈所發出的光亮，其象徵意義更不言而喻。羅門在〈「燈屋」與我〉一文中指出他造第一座「燈塔」的原因是他跟女詩人蓉子結婚當天，看到「禮拜堂十字架尖頂放出的光，便聯想到我們（詩人及蓉子）也像是朝著「燈塔」開進安平港的一只帆船。」㉝羅門在同一篇文章中更直接指出「『燈塔』是設在海港裡，引領海上歸航的船只進港的」而他所製作的第一座具有紀念性的燈便「像一座象徵性的『燈塔』；以溫馨的光，照耀在我們（羅門和蓉子）生活的航道上。」㉞換言之，燈屋除了在現實空間有實際作用，即提供兩位詩人作息及工作生活的空間外，在想像空間中亦起了保護兩位詩人免受現實環境、時間洪流沖擊的作用。

肆

縱觀羅門的詩作無論是寫大自然（「第一自然」）或城市（「第二自然」）的都有一個共通點，便是跟現實空間不符合。換言之，他詩中所描寫的大自然及城市是不完全存在於現實環境中的；而是經過轉化存在於他的「第三自然中」。例如羅門是甚少描寫客觀大自然的，他筆下的大自然其實都帶有很濃的主觀想像。正如詩人喜歡引用的柳宗元詩句「獨釣寒江雪」，羅門認爲這句詩出色之處是並沒有直寫大自然，柳氏在寫這句詩時把強大的「感受力」反映到作品中，所以這句詩的境界便提昇了。假如柳宗元把在眞實世界裡的大自然直寫下來的話，這句詩便會變成平淡無味的「獨釣寒江魚」了。㉟由於羅門強調感受力與轉化力的重要性，因此他的自然詩是甚少單純描寫眞實的大自然的。有關羅門自然詩的分析可參考本文的第三部份，這裡不再重複。

至於在羅門的都市詩裡所反映的社會黑暗面確實是可以在大部分的都市中找到的；然而，我認爲羅門詩中的城市不存在於現實世界的主要原因是基於時間不脗合這點。羅門早在一九五七年已開始寫都市詩如〈都市的人〉，而他最重要的都市詩之一〈都市之死〉則完成於一九六一年。事實上，臺灣在一九四五年仍是處於農業社會，農民佔當時總人口百分之七十五，直至八十年代臺灣的城市人口比例才劇增至百分之七十。㊱林燿德亦指出「在五〇年代末期……這時臺灣仍處在農業主導的經濟階段，羅門的創作已一腳跨進工業文明的氛圍。」林氏更宣稱羅門早期的都市詩爲「都市寓言」。㊲羅門在八十年代以來，即臺北發展成爲眞正的大都市後仍有寫都市詩，但有趣的是當在現實環境中人們確實受到都市文化影響時，詩人對都市的批判反而不及從前激烈，就是偶有激烈的批判亦沒有逸出早年都市詩的母題。因此我以爲羅門的詩作中無論是描寫自然或是城市都是不屬於現實空間而是屬於想像空間的。至於「第三自然」的內在空間當然是屬於想像空間的範疇了。

相比其他空間來說，燈屋這個空間較爲特別。雖然燈屋本身是實際存在的現實空間；然而，它本身的象徵意義令它亦是屬於想像空間的。此外，若根據巴卓立特（Bachelard）的理論分析，我們更可以得出燈屋是構成羅門整個想像空間最重要部分的結論。因爲巴氏認爲「房子（House）提供做夢者棲身的地方，房子保護做夢者，房子令做夢者得以在和平的環境中做夢」。除此以外，「房子擁有最偉大的力量能夠把人類的思想記憶及夢想溶合在一起……若沒有房子，人便跟碎片一樣，是房子把人變成一個整體令他可以承受來自天堂的及人生的風暴。」㊳由此可見，因爲羅門無論在創作方面及生活方面都堅持停留在想像空間的關係，因此他得以避免時間的洪流，進入永恆空間。

【附註】

① Matei Calinescu, Five Faces of Modernity（Durham: Duke University Press, 1987），p.3.

② David Harvey, The Condition of Postmodernity（Ixford: Blackwell Publishers Inc, 1990）p.201.

③ 馬·布雷德伯里，詹·麥克法蘭，《現代主義》（上海：上海外語教育出版社，一九九二），三十六頁。

④ David Harvey, The Condition of Postmodernity（Oxford: Blackwell Publishers Inc, 1990）p.205.

⑤ Gaston Bachelard, The Poetics of Space（Boston: Beacon Press, 1994）p.8.

⑥ 王聖思選編，《九葉之樹長青》（上海：華東師範大學出版社，一九九四）一九一頁。

⑦ 羅門，《羅門論文集》（臺北：文史哲出版社，一九九五），九三頁。

⑧ 同上，八十頁。

⑨ 同上，八一頁。

⑩ 同上，八八頁。

⑪ 這裡指「過去」的意思並不是說現在已完全沒有田園空間或大自然空間，而是人類主要的生活空間已由過去的田園轉移到都市。

⑫ 這裡提到的「客觀時間」是指社會的進化過程，即隨著時間過去，人類由農業的生活模式轉向工商業的生活模式的過程。

⑬ 林燿德，《羅門論》（臺北：師大書苑有限公司，一九九〇），頁二三。

⑭ 羅門，《自我·時空·死亡詩》（臺北：文史哲出版社，一九九五），九二頁。

⑮ 同上，四三至四四頁。

⑯ 林燿德，《羅門論》（臺北：師大書苑有限公司，一九九〇），二三頁。

⑰ 羅門，《自然詩》（臺北：文史哲出版社，一九九五），四五頁。

⑱ 同上，四九—五五頁。

⑲ 同上，一〇一頁。

⑳ 羅門，《羅門論文集》（臺北：文史哲出版社，一九九五），一—二頁。

㉑ 羅門，《戰爭詩》（臺北：文史哲出版社，一九九五），四三頁。

㉒ 同上，四七頁。

㉓ 同上，五二—三頁。

㉔ 同上，六四—五頁。

㉕ 羅門，《都市詩》（臺北：文史哲出版社，一九九五），六〇頁。

㉖ 同上，八四—七頁。

㉗ 羅門，《自我．時空．死亡詩》（臺北：文史哲出版社，一九九五），七五頁。

㉘ 這裡的「信仰」並不是指宗教，而是指目標、理想、理念等。

㉙ 羅門，《素描與抒情詩》（臺北：文史哲出版社，一九九五），四三頁。

㉚ 羅門，《自我．時空．死亡詩》（臺北：文史哲出版社，一九九五），六三頁。

㉛ 同上，九八—九頁。

㉜ 羅門，《素描與抒情詩》（臺北：文史哲出版社，一九九五），一三五—六頁。

㉝ 羅門，《燈屋．生活影像》（臺北：文史哲出版社，一九九五），八六頁。

㉞ 同上。

㉟ 羅門，《羅門論文集》（臺北：文史哲出版社，一九九五），二五頁。

㊱ Stevan Harrell,「Playing in the Valley: A Metonym of Modernization in Taiwan,」in Cultural Change in Postwar Taiwan, eds. Stevan Harrell and Chun- Chieh Huang（New York: Westview Press, 1994），p170-2.

㊲ 林燿德，羅門論（臺北：師大書苑有限公司，一九九〇），二二頁。

㊳ Gaston Rachelard, The Poetics of Space（Boston: Beacon Press, 1994）p6-7.

作者：文學評論家、現任教澳門大學

羅門都市文本的「雄渾」氣象

陳大為

The sublime是一個古老的美學觀念，在中文裡先後被王國維吸受轉化成「宏壯」、被朱光濳譯作「雄偉」、梁宗岱譯成「崇高」，陳慧樺先生和王建元先生先後借用「雄偉」和司空圖廿四品之一的「雄渾」來作中譯名稱並詳加論證①。作爲一項原創性美學的「雄渾」（the sublime），約在公元一世紀左右由希臘美學家朗占納斯（Longinus）在〈論雄渾〉（"On the Sublime"）中提出。他在論文的第八節指出雄渾的五個來源，其中最重要的是第一種「形成偉大觀念的能力」（power of forming great conception），其次是「熾烈且具有靈感的情感」（vehement and inspired passion），這兩種都是與生俱來，源自於作者靈魂的深處：其餘三種可以技求得來的是：「比喻之運用」（formation of figures）、「崇高的辭彙」（noble diction）、「遣詞用字的昇華」（dignified and elevated composition）（Hazard Adams ed., 1971:80）。雖然朗氏強調「雄渾即是偉大心靈的迴響」（sublimity is the echo of a great soul：同上：81），但他在論文中用了極大的篇幅來解說以演說風格爲重的「修辭雄渾」（the rhetorical sublime），以及如何用這股無以抗拒的力量去統馭聽眾；他在第三十五節論及「自然雄渾」（the natural sublime），他認爲人類面對宏大的自然景象時所產生的狂喜感，是其天性使然。

這個美學觀沉寂了十五個世紀之後，由法國人布瓦洛（Nicolas Boileau-Despreaux, 1636-1711）在一六七四年譯成法文再度受到重視。先是英國人丹尼斯（Joseph Dennis, 1657-1734）結合了雄渾本質與情緒反應加以拓展，並以欽羨、恐怖、戰慄、歡愉、憂傷和慾望等六種「狂熱的情感」（enthusiasm）擴充了雄渾的境界，並稱它爲「可怕的愉快」（terrible joy）或「怡人的恐懼」（delightful horror），這些足以激發內心至烈情感的因素，都是「雄渾」經驗的根源。其後柏克（Edmund Burke, 1729-1797）將激起痛苦和危險的觀念一併融鑄在雄渾觀裡，並指出雄渾建基於痛苦。之後康德（Immanuel Kant, 1724-1804）將一切雄渾感的來源納入人類主體，並把它定義爲只能單獨跟自身比較的雄渾，而且是一種主體面對客體巨大體積與動能壓力下，所產生的具有超越性的主觀思維能力；他更進一步的把它區分成以數量觀念對客觀之體積作主觀邏輯判斷的「數理雄渾」（the mathematically sublime：如鳥飛絕的「千山」與人蹤滅的「萬徑」）以及精神和氣魄雄渾得不受任何障礙物阻撓的「動力雄渾」（the dynamically sublime：像「大風起兮雲飛揚」等暴雨狂雷的景象）；後來叔本華（Arthur Schopenhauer, 1788-1860）指出雄渾可以讓觀者處於精神的溢揚狀態，進而產生超越意識，並晉入昇華的境界②。

朱光潛對康德的「雄偉（渾）」有十分精闢的詮釋：

在對著「雄偉」事物時，我們第一步是驚，第二步是喜；第一步因物的偉大而有意、無意地反映出自己的渺小；第二步因物的偉大而有意、無意地幻覺到自己的偉大。第一步心情就是康德所說的「霎時的抗拒」，它帶有幾分痛感。第二步心情本已欣喜，加以得著霎時痛感的搏擊反映，於是更顯得濃厚。山的巍峨，海的浩蕩，在第一眼看時，都給我們若干的震驚。但不須臾間，我們的心靈便完全爲山、海的印象佔領住，於是彷彿自覺也有一種巍峨、浩蕩的氣概了。（1994:243）

他同時強調，人類主體面對這個雄偉（渾）的客體時，其所產生的震懾力量源自主體本身的渺小意識，而且這種雄偉「大半是突如其來的，含有幾分不可了解性的。心靈驟然和它接觸，在倉皇之中，不免窮於應付」（同上：243）；康德所說的「霎時的抗拒」，即出於這種突然性。羅門的都市詩，便常見這種突如其來的雄渾詩句，以及整首詩在氣勢及題材方面經營到雄渾的高度。

羅門用這兩句楔子掀開〈都市之死〉③：

都市　你的牆
快要高過上帝的天國了　（1963:79）

在這裡都市呈現的是令人擔憂的高度，這個「高度」表面上指的是硬體（建築物）的高度：「建築物的層次　托住人們的視野」（同上：81）。像巨大的神，高樓的「不可測量」（immeasurable）令仰望的人相形之下更爲渺小，然而這渺小的仰望便不由自主的被雄渾的力量「托」起；對習慣與地平線和諧交融的農業社會視野而言，割裂著天空的高樓景象會形成一種壓迫感與恐懼感，它的體積與高度對視覺的猛烈衝擊，令內心感生一種不可抗拒，但又想抗拒的雄渾感，即康德所謂的「霎時的抗拒」。然而這股攝服力又轉變成嘆爲觀止的喜悅，就是都市人對事業的最初且最浪漫的憧憬，對這分憧憬的追尋足以讓道德和信仰淪喪於一旦，所以象徵著道德規範力量與心靈淨土的「上帝的天國」就越來越遠了。然而，當他們深入了解、體驗到高樓所代表的商業力量，以及它對上班族的前途、命運的宰制力，權力的高度便成爲建築物眞正的內涵，上班族便對此高矗建築產生驚嘆、恐懼、憂慮與悲鳴。

所以「都市 你的牆」（1963:79）是已侵蝕到天空深處的硬體建築，而天空是都市裡唯一的大自然光景；由無數硬體建築組構而成的「牆」，就是物質文明的座標，將都市人團團圍起，並誘導他們道德信仰的出軌。這一切，眞的「快要高過上帝的天國了」（同上：79）。

這首詩在第二、三節展開了氣魄宏大的叙述，將議題緊扣在慾望的沉淪與教堂意象的崩潰之間，讓崇高的在瞬間崩塌、讓神聖的遭受污染、讓在物質世界裡巡狩獵物的眼瞳炯炯如鷹目，拔地而起，仰衝到失去道德規範的、物質文明的高空：

在這裡 上帝已死 神父以聖經遮目睡去
凡是禁地都成爲市集
凡是眼睛都成爲藍空裡的鷹目 （同上：81）

在乍伏乍起的氣勢變化、忽而道消忽而邪長的衝擊裡，我們感受到一股無比巨大的沉痛，連

「上帝」這個最有效的道德規範力量都崩潰了，淪喪的道德防線再也守不住肉體的禁區，慾望雲集於此，爲所欲爲，獵所欲獵。不僅如此，連神（宗教）本身亦失去了對教義的信心，以及約束世人行爲的信心，充滿急躁的無力感：「那神是不信神的那神較海還不安」（同上：83）；宗教的力量非但無法拯救沉淪聲色的靈魂，甚至連聖物也喪失了象徵意義，「十字架便只好用來閃爍那半露的胸脯」（同上：83），聖物淪爲爲「禁地」的裝飾品，使禁地更誘人；最後「神再也抓不穩建築物高昂的斜度」（同上：87），從都市人的仰視中垮下來，人對神／上帝的信仰終於瓦解！

羅門巧地運用「宗教」和「慾望」這兩個宏大的母題，令前者在他的憂患意識中不停地龜裂，而後者則在我們的惶恐裡不斷鯨吞著都市。強裂的反諷力量反覆控訴著都市，「宗教」與「慾望」這兩個人類文明巨大的符號在文本中起了重大衝突，而且是正不勝邪的急速消長。現代都市人的精神狀態已近似一群困獸，急著要衝出理性與道德的欄柵，回到原始的慾望裡去，連神也被踩死在那暴躁的蹄下（1964:8）。所以都市在羅門眼中成了一頭「偷吃生命不露傷口的無面獸」（1963:85）、一具「不生容貌的粗陋的腸胃　消化著神的筋骨」（同上：85）。都市對人性可怕的侵蝕，是無孔不入、無聲無息又不著痕跡的！以致所有的「頭顱在黑暗裡交接著相同的悲劇」（同上：86）。「都市」成爲邪惡力量的洪流在咆哮，而「生命」和「神」皆陷入滅頂的危機當中，詩裡行間激盪著巨大的不安，以及濃厚的「死亡」氣息。

「死亡」在這裡所指的並非形下的「肉身之死」，而是被慾望所割裂的「性靈之死」，「是一種較肉體之死，更爲徹底且可怕的死，是屬於內在的『人』的根本之死」（1974:17）。即然「上帝已死」，都市文明在羅門的理解範圍內，陷入完全的黑暗，充滿性靈之死的幻滅、頹敗感：

誰也不知道太陽在那一天會死去
人們伏在重疊的底片上 再也叫不出自己 （同上：82）
死亡站在老太陽的座車上
向響或不響的事物默呼
向醒或不醒的世界低喊 （同上：84）

羅門將死亡提昇到「太陽」的高度，因爲象徵著性靈之光的太陽已垂垂老矣，死亡輕易地篡奪了祂的座車，將陰影籠罩著沉溺於物慾和性慾的都市人，大家過著茫然、麻醉的虛幻時光，任由時針那「仁慈且敏捷的絞架」（同上：85），將生命不自覺地耗盡。在這都市的「死」境裡，心靈和道德的生還確實不易，目睹都市文明對純樸人性的踐踏，羅門心中萌起了拯救的意識，然而神已敗退，還有誰擁有先秦諸子的救世勇氣與魄力？既然沒有人可以從頹敗與沉淪中振作起來，更沒有人能夠抗拒那誘人的物質磁場！人性在都市的物質洪流中不能自主地浮沉流轉，悲劇性的現身情態是無法自拔的泥淖，逐一「死在食盤裡 死在煙灰缸裡／死在埃爾佛的鐵塔下」（同上：八七），結果都市人全死在文明過量的興奮劑裡頭。羅門絕望地捶擊著都市這具「裝滿了走動的死亡」（同上：87）的「彫花的棺」（同上：87）。

魔鬼化的都市內涵，一如丹尼斯和柏克對雄渾所抱持的恐懼與危險質素的觀點，因爲它那無可抗拒的、巨大的道德腐蝕力量，令羅門對它產生彷彿面對魔鬼與暴龍般的恐懼與憂患意識，都市在詩人收縮的瞳孔中不禁雄渾起來。雖然他沒有拯救亂世的力量，但他卻表現出一股源自內心焦慮的道德批判勇氣，宣判「都市之死」，以及「上帝已死」，這讓我們不禁聯想到尼采。

尼采所謂的「上帝」具有雙重的指涉：一是指基督教裡的上帝，一是純粹的、至高至善的形上哲學意義的符徵。爲了更具體而有效地抨擊腐朽的舊道德，尼采以基督教的「上帝」作爲靶子。十九世紀的西方社會，宗教已完全世俗化，淪爲神職人員搜刮利益的工具。原來「上帝」象徵著的道德規範已失效，對人的精神也沒有啓發力量，人的價值嚴重腐化，揭開文明的底層，就暴露出頹廢與怨恨的色彩，所以尼采在《查拉圖士特拉如是說》（Thus Spoke Zarathustra, 1883）第一部中宣判「上帝已死」，接著在《反基督》（Der Antichirst, 1894）一書中從歷史的觀點剖析、批判基督教的道德觀，並指出「上帝的概念是僞造的」（尼采著，劉崎譯，1994:76），而且它已「變成了那些教士煽動家手中的工具」（同上：76）。他一方面終結了對「形下的世界」充滿怨恨（怨恨它的混亂、破碎、有限、幻變、痛苦、矛盾和鬥爭），而急著建立／虛構一個至善至美、永恆不變的「眞實世界」（true world）的西方傳統形上學；一方面要重估價值（transvaluation），重新檢討西方社會依靠基督教力量建立起來的道德。

面對充滿悲劇的形下世界，尼采選擇了強者生命形態，來活存於現實世界；羅門則選擇了單向的批判與揭露，人的活動與意識也是單向的沉淪，大致達成「揭開文明的底層，暴露出頹廢與怨恨的色彩」的創作意圖（intention）。然而相對於尼采對基督教本質上的否定，羅門在〈都市之死〉一詩中，肯定了基督教的價值，並視之爲道德規範的力量，所以一但它失去效力，就產生諸多亂象。而羅門也明白道出他寫此詩的目的，是「針對人類所面臨的生存危機與精神上的『死』症，提出了警示性的批判與指控」（1974:179），「因爲人日漸被壓在物慾世界之下，有逐漸被物化成文明動物的可能，而提出警示的，並非眞的判下都市的死罪」（1989:203-204）。他之所以要逼使都市迎頭撞擊性靈的「死亡」問題，是因爲他堅信：「生命最大的迴聲，是碰上死亡才響的」（1969:73），只有在這個處境之下，都市人才會認眞地省視自我及道德的淪喪現象（「死症」）。

所以我們不能修望他像尼采一樣「重估價値」，或重新檢討現代社會的道德；我們的關注點，應該鎖定在他透過詩來展現的宏大企圖、雄渾氣魄，以及過人的道德批判勇氣——正如朗占納斯在討論雄渾觀時，「常常關注的是作者必須有個兼容並蓄的靈魂」（陳慧樺，1976:160）。「兼容並蓄的靈魂」才是〈都市之死〉所以雄渾的根源，因爲「雄渾即是偉大心靈的迴響」（Hazard Adams ed.,1971:81）。

從修辭的角度來看這首詩，「宗教」與「慾望」這兩個宏大母題在文本之中，非但有十分繁複且完整的詮釋，羅門正氣磅礴的叙述手法，更有推波助瀾之效：

在這裡　腳步是不載運靈魂的　也踢不出美學
在這裡　上帝已死　神父以聖經遮目睡去
凡是禁地都成爲市集
凡是眼睛都成爲藍空裡的鷹目
如行車抓住馬路急馳
人們也拉緊自己風帆一樣換向的影子急行
在來不及看的變動裡看
在來不及想的迴旋裡想
在來不及死的時刻裡死　　（1963:81）

「在這裡」，短促而有力的三個字，將其後的四句詩聚焦在同一個批判位置，兩組「凡是」則拓寬了格局，所有的肉軀／道德的禁地皆淪爲魔爪的市集，所有眼神泛著巡狩著獵物的饑渴淫光！必要的誇張在一氣呵成的句子裡加深了抨擊力量，後五行的快節奏語言更延長了氣勢；三組「來不及」的類疊修辭法堆疊出層層深化的閱讀感，從對外界急速變動的眼花撩亂到思維的無力招架，乃至於精神的全面崩裂，讓讀者一口氣照單全收！連綿且滔滔不絕的諫言，將龐大的議題和「崇高的辭彙」（靈魂、美學、上帝、聖經、鷹目、藍空、死）急速的逼進讀者腦海當中，不斷「變動」、不斷「迴旋」，在沉痛裡急速地昇華。這股綿密而浩瀚的意象構成一幅「汪洋氣象」（panorama），彷彿一篇滔滔不絕的說書，這就是朗占納斯以演說風格爲討論對象的「修辭雄渾」之範例。

寫於一九六七年的〈紐約〉，代表羅門另一種雄渾書寫策略。詩的第一段則換上簡短的句形，語氣平淡地刻劃帝國大廈的雄渾感：

> 天國那邊下著雨
> 帝國大廈將天空
> 撐開成一把傘　(1969:64)

這四句詩必須先從雨勢開始解讀。雨勢在文本中沒有明確的規模，它主要扮演「天國」與「帝國（大廈）」之間的對峙媒體。「天國那邊下著雨」，在沒有音節頓挫的陳述中，天國和雨都不具聲勢。但經由帝國大廈「將天空撐開成一把傘」的動作，立刻撐開了氣勢——對內，這把傘擁有躲得下整個紐約的容量，烘托出帝國大廈足以與天國抗禮的「數理雄渾」；對外，它則暗示了雨勢非同小可，必須撐開與天空同等規模的傘，方才足以對抗，而「天國」的規模隨著雨勢亦宏大起來，形成另一個「數理雄渾」的客體。如果我們將畫面轉換成一片鄉野平原，雨景的恢宏氣象必然是雨勢本身，可是在這高樓林立的現代都市，在大雨中頂天立地的是帝國大廈，它才是雄渾的根源。我們可以將「天國」視爲大自然的力量根源（因爲大雨由此處降臨），「帝國大廈」則是都市文明的隱喻，它是整個商業帝國最高的象徵，「將天空撐開」是它力量的表現。透過「雨」這個角力場，我們感受到大自然力量和都市文明力量的近身搏鬥所產生的雄渾感，其中卻隱隱埋藏著羅門對後者的禮讚。這個訊息在詩的第二段就毫不保留的鋪展開來：

要想把海樹起來看
請去看帝國大廈
要想把海旋起來看
請用眼睛旋轉帝國大廈的看台
要想把腳步築在最軟的雲上
請將眼睛從帝國大廈的看台上
投下來

（1969:64-65）

「海」和「雲」都是大自然中的宏大景象，但它卻任由帝國大廈上的觀衆或旋或豎，在視覺中呈現不同的面貌；連那高不可攀的雲，也矮到供人俯看的位置。大自然景象的渺小化有效地襯托了大廈的崇高與雄偉，讓情感在閱讀中高拔到大廈的頂端。〈紐約〉一詩透過「天國」、「帝國大廈」、「天空」、「（大）雨」、「海」和「雲」等「崇高的辭彙」，彼此相互烘托，架構起雄渾的氣度。

在羅門諸多都市詩當中，我們可以發現「上帝」、「神」、「大廈」、「水晶大廈」、「風雲」、「太陽」、「世界」、「天空」等經常出現的「崇高辭彙」，它們是羅門「修辭雄渾」的重要道具；而運用動詞來激活、昇華詩意，和使用排比文字的形式，都是他最拿手的招式。「世界」意象最佳的表現莫過於羅門一九八八年出版的第十本詩集《整個世界停止呼吸在起跑線上》的開卷之作〈時空奏鳴曲〉的第一段：

> 整個世界
>
> 停止呼吸
>
> 在起跑線上（1988:33）

羅門將整個不停運作的世界召喚過來，並勒住它龐沛的活動力，讓這股巨大的力量駐紮在一條微不足道的起跑線上，內部的蠢動與外部的靜止形成一股令人屏息的衝突，以及無法按抑的衝動。短短的三行，但氣勢卻十分雄渾，這股氣勢毅然撐起整首近兩百行的長詩，由於這首詩的主題並非都市，本文僅引用首段作爲雄渾詩風的旁證，不分析全詩。此外在〈曠野〉一詩當中，也有這麼一節例證：

> 當第一根樁打下來
>
> 世界便順著你的裂痕
>
> 在紊亂的方向裡逃（1995b:68）

「樁」代表了文明的力量，當它開始入侵第一自然，在地表上建立人工的第二自然，所引發的連鎖性破壞，是不可控制、無法估測的。「世界」的完美構圖，從此崩裂；「世界」一詞包括了動物界、植物界、地理氣象，牠／它們帶著驚慌和畏懼，在破壞中逃命。「逃」是一種「消失」與「湮滅」。同樣是短短的三行，卻道盡工業文明對大自然的侵害，以及被侵害者的驚惶與淪亡；龐大的文明議題，濃縮於一幕短促且觸目驚心的景象之中，瞬間引爆讀者的思考。

至於「天空」的使用，更是不勝枚舉，但羅門筆下的「天空」有兩種迥然不同的形象。第一種「天空」傾向於表現出「空曠」的內涵，鳥飛雲翔的空曠藍天，一向站在文明的對立面，它是都市人追求心靈自由的「對象」，有的則是一種穿透重重壓抑破繭而出才獲得的「空闊感」（譬如第三節將論述的〈窗〉和〈目・窗・天空的演出〉）。一旦這種深受期待的空闊感在都市裡，被割裂肢解之後就轉變成第二種內涵。譬如〈曠野〉中的：

> 高樓大廈圍攏過來
> 迫天空躲成天花板　（1995b:69）

以及〈都市・方形的存在〉的第一行：

> 天空溺死在方形的市井裡　（1995a:82）

這是一個負面的天空處理模式——封閉化。從都市的行道仰視天空，便可以看到經由諸多高樓割裂而殘存的「天花板」，甚至「溺死在方形的市井裡」，在視覺心理上對都市人造成一種希望的破滅感，加上溺斃在大廈之間的、條狀的天空，更突顯出建築物的圍攏與逼迫，間接引發視覺與心靈的窒息感。它同時圍堵住我們的思維和視野，讓我們將生存／生活的思慮焦聚在困境之中，爲了尋求更寬闊的居住空間而拼命，甚至被動地去習慣這種囚禁狀態。其結果就如以下詩句所呈現的：

> 在封閉式的天空與限定的高度裡

鳥只有一種飛法
一種叫聲
（1995b:72）

人跟鳥一樣，在這個封閉的物質空間裡，只剩下一種生存姿態，完全失去自由，被充滿壓迫感的「天空」將心靈軟禁起來，專心地為滿足物慾而生存。即如羅門所說的：「當物慾世界，不斷將我們向內的探視力縮短，人類的內心，已逐漸成為陰暗且狹窄的『地下室』，這種可怕的窒息感，已普遍地形成為一種『死』的現象面」（1974:16）。

整體而言，羅門有不少詩作（尤其早期作品）寫得十分大器、十分雄渾；雖然大刀闊斧的鋪陳當中，難免有太過偏重氣勢和排列式手法的濫用，以至犧牲了細部修辭效果，甚至對某些現象的抨擊，流於刻板僵硬的印象式批評的缺失，但這一切都無損羅門這股充滿道德動力和滔滔辯證的「雄渾」，當然這就是羅門本人人格胸襟的外現，不能不指出來。

【附註】

① 關於譯名的論證，分別參閱陳慧樺先生：〈中西文學裡的雄偉觀念〉（一九七六：一五九—二一二），以及王建元先生：〈崇高乎？雄偉乎？雄渾乎？一個從翻譯到比較文學的課題〉（一九九二：一—三八）。

② 陳慧樺先生在〈莊子的詞章與雄偉風格〉（一九七六：一四一—一五八）和〈中西文學裡的雄偉觀念〉（同上：一五九—二一二）二文當中，對the sublime美學觀的創始、開拓與演化，皆有十分詳盡的敘述。

③ 收錄在《第九日的底流》（一九六三）中的〈都市之死〉原版，全詩共六節一一三行；《羅門自選集》（一九七五）將第一節改為「序曲」，同時將楔子改成「都市你造起來的／快要高過上帝的天國了」（一九七五：六三），刪去原版中具有引述價值的「上帝已死」（一九六三：八一），並增長為一一八行；到了《羅門詩集》（一九八四）則刪去「序曲」，縮短成一〇六行，成為後來《羅門創作大系》收錄的最後修訂版。雖然此詩屢經更改，但批判的焦點及要素不變，最後修訂版的語言也較原版來得凝煉，而且焦點更集中，但基於原版詩作中，有數處非常值得引述而被刪除的詩句，況且原版詩作既已具備了雄渾的氣勢，此詩當以原版為最理想的論述依據。

【參引書／篇目】

王建元　一九九二，《現象詮釋學與中西雄渾觀》，臺北：東大圖書公司。

尼采著　劉崎譯，一九九四，《反基督（上帝之死）》（再版），臺北：志文出版社。

朱光潛　一九九四，《文藝心理學》（四版），臺北：臺灣開明書店。

沙特著　陳宣良等譯，一九九〇，《存在與虛無》，臺北：桂冠圖書公司。

陳坤宏　一九九六，《消費文化理論》，臺北：揚智文化出版社。

陳慧樺　一九七六，《文學創作與神思》，臺北：國家書店。

蔡勇美、郭文雄主編　一九八六，《都市社會發展之研究》，臺北：巨流圖書公司。

羅　門　一九六三，《第九日的底流》，臺北：藍星詩社。

——　一九六四，《現代人的悲劇精神與現代詩人》，臺北：藍星詩社。

——一九六九，《死亡之塔》，臺北：藍星詩社。

——一九七四，《長期受著審判的人》，臺北：環宇出版社。

——一九八八，《整個世界停止呼吸在起跑線上》，臺北：光復書局。

——一九九五a，《羅門創作大系，（卷二）都市詩》，臺北：文史哲出版社。

——一九九五b，《羅門創作大系，（卷三）自然詩》，臺北：文史哲出版社。

——一九九五c，《羅門創作大系，（卷四）自我．時空．死亡詩》，臺北：文史哲出版社。

——一九九五d，《羅門創作大系，（卷五）素描與抒情詩》，臺北：文史哲出版社。

——一九九五e，《羅門創作大系，（卷六）題外詩》，臺北：文史哲出版社。

——一九九五f，《羅門短詩選》，北京：中國社會科學出版社。

Longinus.(1971)"On the Sublime. "Critical Theory Since Plato. Ed. Hazard Adams New York: Harcourt Brace Jovanovich. 76-102.

民國八十六年（一九九七年）「國文天地」八月號

作者：詩人、評論家、現在大學任教

論羅門詩歌意象的審美特徵

曾方榮

內容標要：本文通過對臺灣現代詩人羅門的詩歌創作做全方位考察，作者認為：由於羅門那非常的想象力和充沛的激情，特別是他的前衛意識創新精神以及他的智慧靈性，使得他在詩歌創作中的意象組織和安排上，表現出了「無理而妙」、「密集繁複」、「激情奔放」的藝術審美特徵。為我們欣賞解讀羅門的詩歌，提供了有益的理論指導。

關鍵詞：羅門、詩歌、意象、特徵

羅門（一九二八－　）是當代臺灣詩壇中最具現代意識和先鋒色彩的詩人，被譽爲「詩壇重鎮」、「現代詩的守護神」、「都市詩的巨擘」。同時，也被稱譽爲詩壇奇才，被詩評家謝冕稱之爲「一個變幻莫測的迷」。他的詩作內容十分豐富多采，既有對大自然寧靜優美的嚮往，對自由、生命、愛情的謳歌，也有對現代都市痼疾的強烈指控，對宇宙、心靈奧秘的探索。風格上不僅具有李賀、李商隱的詭秘奇特，又有蘇軾、辛棄疾的恢宏悲壯。他對現實生活的闡釋，對事物中蘊含的深邃哲理所作的挖掘和拓展，既具有深度廣度，又常常帶有不確實的多義性，往往令讀者感到眼花繚亂，難以索解。特別是那豐富詭異而多變的奇思和幻想，令讀者和詩評家感到難以追逐的困窘。難怪謝冕在論及其詩歌時，突然有了一種徹悟：「不論我們對自己的才智和心力有怎樣的自信，我們面對世界都有難以逾越的描寫的困難，我們無法窺盡它的神秘，對於自然界的天空如此，對於詩人的天空如此。」①確實，作爲一位十分強調刻意追求心感「靈視」的現代詩人，他的詩對現實生活的輻射，既有深度、又有廣度，特別是他那獨特的心靈視角所創造出來的鮮活靈動層出不窮的意象，那智性與悟性所合成的想象力，令詩評家拍案叫絕，令詩人們自愧勿如／更令讀者目不暇接回味無窮。如他描寫都市的擁擠和病態：「天空溺死在方形的市井里／山水枯死在方形的鋁窗外」（《都市·方形的存在》）。②「街道是急性腸炎／紅燈是腦出血胃出血／十字街頭是割去一半的心臟／只有那盞綠燈／是插到呼吸裡去的通氣管」（《都市的落幕式》）。他對城里人的感覺是：「他們的腦部是近代最繁華的車站／有許多行車路線通入地獄與天堂／那閃動的眼睛是車燈／隨時照見惡魔與天使的臉。」（《城里的人》）。一個個意象新奇怪拔，紛陳密集，體現了一位現代詩人對意象的高度關注與重視。是的「羅門是現代詩人最擅長使用意象和譬喻的詩人」。「他差遣意象有高人一等之處」。「讀羅門的詩，常常會被繽紛的意象，以及那種深沉的披蓋力量所懾罩住。」③綜觀羅門的詩創作，詩人在意象的選擇，運用和安排上，概言之有如下三個突出特點。

壹、「無理而妙」

意象是蘊富有一定意義的客觀物象，它是通過人對客觀世界的直接感受以傳達精神經驗的藝術方式，也是詩歌形象化和意境構造的重要手段。在傳統和現代一般詩人的詩作裡，意象更多的是採用明喻或疊加直陳的方式，按照人們正常的思維習慣進行安排的。讀者往往只需通過再造想象就可較容易把握其內蘊，洞悉意象內所隱藏的潛意識。而作爲一個具有先鋒和濃厚現代色彩的詩人，羅門更重視和喜歡運用隱秘象徵、無邏輯的隱喻和自由聯想的方法，把意象做表面上互相脫節的「隨意性」拼湊，形成一種看似隨意甚至怪異實則豐富深刻的「無理而妙」的高遠藝術境界。試看他的《露背裝》：

「眼睛圍在那裡／大驚小怪的說／那是沒有欄杆的天井／近不得／警笛由遠而近／由近而遠／原來那是廿世紀新開的天窗／眼睛遂都亮成星子／把那片天空照得／閃閃發光」。

露背裝與超短裙一樣，是一種充滿性感的時髦服裝，對於服裝的想象描摹，羅門擺脫了「近取譬」的圈子，抓住的是看衆的驚奇疑惑的神態，超越了露背裝外在形樣層的描摹比喻，忽然同屬性相差甚遠的沒有欄杆天井的聯接，造成一種大跨度、令人暈眩的突兀，接著作者又在第三節裡安排了「警笛聲」和「廿世紀新開的天窗」兩個意象，更令讀者摸不著頭腦。其實，我們稍加深思聯繫一下現實生活便不難理解，由於行人圍觀穿露背裝的女郎，從而造成交通阻塞，警察隨之而來又隨之而去，於是所有的眼睛又聚焦於露背裝上，也把「天空照亮，閃閃發光」。簡單的一件露背裝，通過作者獨特的審美把握和超常的想象，寫出了司空見慣的民衆陋習和現代「文明」對人精神的衝擊，具有強烈的反諷的藝術效果，也給讀者留下了大量展開想象的空白。又如他的另一首詩《禮拜堂內外》的第二節：「迷你裙短得像一朵火花／一閃 整條街便燒了起來／行人發呆成風中的樹／而打對街過來的柯神父／誰知道他雙目提著兩桶水／還是兩桶汽油」，亦具異曲同工之妙。羅門這種撇開意象表層、質感和常規屬性，而按照自己意圖塑造傳統之外的新形象的意象運用方法，可以說是詩中隨處可見。於是在他的詩裡，都市是「一支美麗的歌」，「一條吞食生命不露傷口的無面獸啃著神的筋骨」、「一具雕花的棺／裝滿了走動死亡」（《都市之死》）。摩托車也成了「從二十世紀手中／揮過來的一根皮鞭／狠狠地鞭在／都市撒野的腿上」（《摩托車》）。而人們打開窗「猛力一推／竟被反鎖在／走不出的透明裡」。意象同所描寫對象之間不可思議甚至矛盾的聯接，竟蘊含著作者對生命和現實更高層次獨特的哲思，那種對立、矛盾、失去均衡的意象組合展現的是更眞實的人生。

貳、密集繁複

羅門曾經說過：「一個詩人能擁有精確深廣的『意象』世界，便是首先擁有了經營詩的大資本，同時『意象』世界又是決定詩語言技巧中的『比』、『象徵』、與『超現實』等是否在表現上能有良好的實力與效果。」④對意象的高度重視和關注，強調『現代感』與『創新」的羅門，在詩歌意象的安排組合上表現出了高度密集、紛陳繁複的特性。往往爲了表現他那浪漫主義激情，常常將一系列意象進行大膽的選擇和搭配，構成一組意象，形成一種意象組合疊加的整體藝術效應。如他的《教堂》前二節：

「那是一部不銹鋼洗衣機／經過六天弄臟的靈魂／禮拜日都送到這裡受洗／唱詩班的嘴一張開／天國的電源接通了／牧師的嘴一張開／水龍頭的水便滾滾下來／在佈道詞回蕩的聲浪裡／受洗的靈魂　漂白又漂白／如果有什麼不潔的／便是自目中排出去的那些不安與焦慮／迷惘與悔意」。

在這裡羅門又一次天方夜譚般地把教堂想像爲不銹鋼洗衣機，其想像觸發點教人出乎意料外，還在於「洗」的過程一系列意象的密度。四組意象「接力」一環扣一環，在很短的跑道上，緊鑼密鼓跑完。羅門這種意象安排的方法，在他的長詩《曠野》、《隱形的椅子》，短詩《咖啡廳》、《流浪人》、《一把鑰匙》都有很典型的表現，這種意象組合和安排的方法一以貫之於他的整個詩歌創作。當然，羅門詩歌中這種意象選擇和搭配的特點，同我們常見詩歌中的意象的疊加和組合有所不同，他很少按照聯想的慣常軌道，將意象做平行疊加，而是加大了意象間聯接的跨度和密集程度，「表現出與現代人內心欲望交感在一起的眞實的視覺活動，作品因有心的靈智與肉體的欲性同時投入，而獲得更確切的生命實感」。⑤如羅門《曠野》中《大同篇》詩節中的幾句：「高樓與山同在／街道與河同流／餐廳與田園同宗／旅館與荒野同族……」⑥詩中組合的意象與《天淨沙、秋思》也有些類似之處，但其表現的內在意態與外在意象的結構形態顯然不同。馬致遠運用的是單鏡頭，描繪出深秋曠野淒涼蕭條的景象；刻畫出遊子漂泊思鄉的愁緒，而羅門運用的雙鏡頭連續拍攝的方法，勾劃出了自然與都市相映見的機械與物象的冷漠感的世界。使之無形中構成全然凍結精神與心靈存在的物化環境。當然羅門詩歌意象的繁複密集，決非隨意的拼湊堆積。「他的詩盡管有繽紛的意象、豐富的比喻，但這裡意象和比喻都由一個中心統攝住，通過外表參差不齊實則有條不紊的句法來集中表達詩的主題內涵。」⑦

叁、激情奔放

羅門是一個充滿激情的詩人，他熱情奔放，詩情澎湃，對現實生活的觀照常表現出毫不含糊的是非愛憎觀。無論是對現代都市沉重壓抑的指控，還是對鄉村牧歌式的嚮往；無論對戰爭的憎恨與反思，還是對生命的探索和故鄉的思念，總會流露出詩人那充沛的激情。正因爲這種強烈感情光芒的照耀，羅門詩歌中的意象，便自然呈現出強烈的感情色彩和自由靈動的藝術美感。請看詩人的《藍色的奧克立荷馬》：

「藍得不能再藍的奧克立荷馬／天空藍在湖裡／湖藍在少女的眼睛中／少女的眼睛藍得可將海再染藍／太陽還最藍的天空下來／遊艇遊到最藍的湖上去／旅行車把最藍的假期寫在風景裡／風景一想到美／便到處拿湖當鏡子」

奧克立荷馬是美國南部一座多湖的城，在作者旅美的印象中可以說得一座純藍的城，寧靜而優美，所以面對奧克立荷馬，詩人把充滿了驚喜、歡欣、依戀如遇故友的情感，全部寄托在一系列「藍」的意象中，藍得甜蜜、藍得溫馨。這樣不但詩人的情感心態淋漓盡致地渲染了出來，而且也避免了直接抒情的夸飾濫情，營造了一個優美的意境。由於詩情的貫注詩人筆下的大海便「無限的壯闊與圓滿／滿滿的陽光／滿滿的月色／滿滿的浪聲／滿滿的帆影……」（《觀海》）作者對大海的深情融注在以「滿滿」修飾的意象裡。是的，「羅門詩的意象描寫，具有強烈的心理色彩。他善於使不同意象意外地綜合或奇妙地換位，將無限的心意，貫注於細小的景物之中，給予最大的特寫，使意象清晰的浮現。」⑧在詩人那濃烈的情感照耀下，羅門詩歌中的意象，都能化靜態爲動態，化抽象爲具體，化理念爲情思，充滿著眞誠的感動和動人的哲思。也正因爲羅門的詩歌意象善於融注情感，從而也避免了這樣一個感情外向直露的詩人，在抒情當中的直接抒發，使得他的詩飽含情感但不直接傾泄，充滿激情卻不夸飾濫情，眞正構成了詩歌優美的意境。在前面我們例舉的詩歌中，均能表現出這一特點。

　　羅門詩中意象選擇和安排的審美特徵，緣於詩人那無窮的想象力和充沛的激情。作爲曾從事過飛行工作的他，似乎有更廣闊的視野和想象自由翱翔的天空，可以對詩情、詩思做多向準確的導航。同時他的智慧，他的悟性，他那取之不盡的才情，特別是他的前衛意識創造精神，使他有意識地放棄了「近取譬」式的聯想和直接抒情的意象安排方式，而是努力追求事物之間屬性特徵的遠距離差異，追求「遠取譬」式的想象，在大幅度的組合分解意象中，創造出更高的藝術境界並形成動人的詩意。羅門的詩風和他詩歌中意象的審美特性除了得益於他的激情與想象力外，還有賴於他那統馭語言能力上的過人之處。他善於在時空、物我、因果諸方面採取顛覆性動作，頻頻瓦解常態世界固有秩序，以全然逆反的方式歪曲事物之間的關聯，利用幻覺、聯覺、聯想調度常規語法，使意象呈現出「天理無法」狀態，達到一種「無理而妙」的藝術境界。當然，一些詩評家也指出，羅門詩歌中的意象，有些也存在「意象失控」現象，即有些鋪陳在詩中的意象無法產生有機的或然或者必然依存關係；使讀者在閱讀上感到有些晦澀難懂。但不管怎樣講，羅門的詩無論在文字上，還是在意象的構成方面，都有自己鮮明的個性，這是爲衆多詩評家所公認和高度贊譽的。我們也相信，羅門的詩歌創作實踐，將會爲中國新詩的發展提供十分有益的借鑑。

【附 註】

①⑦ 分別出自《羅門論》（中國社會科學出版社九五年四月第一版）第二六五、三三一七頁。

② 選自《羅門短詩選》（中國社會科學出版社九五年四月第一版），以下來單獨注各出處的詩篇，均出自此詩選。

③《日月的雙軌》唐玲玲、周偉民著，附錄《詩人詩評家眼中的羅門》。

④ 轉引自《日月雙軌》第一一九頁。

⑤⑥⑧ 分別轉引自《日月雙軌》第一三三、第一三一七和第一三三頁。

作者：從事文學評論、博士班研究生

羅門詩賞析

洪淑苓

壹、麥堅利堡

超過偉大的
是人類對偉大已感到茫然

戰爭坐在此哭誰
它的笑聲　曾使七萬個靈魂陷落在比睡眠還深的地帶
太陽已冷　星月已冷　太平洋的浪被砲火煮開也都冷了
史密斯　威廉斯　煙花節②光榮伸不出手來接你們回家
你們的名字運回故鄉　比入冬的海水還冷
在死亡的喧噪裡　你們的無救　上帝的手呢
血已把偉大的紀念沖洗了出來
戰爭都哭了　偉大它爲什麼不笑
七萬朵十字花③　圍成園　排成林　繞成百合的村

在風中不動　在雨裡也不動
沈默給馬尼拉海灣看　蒼白給遊客們的照相機看
史密斯　威廉斯　在死亡紊亂的鏡面上　我只想知道
　　那裡是你們童幼時眼睛常去玩的地方
　　　那地方藏有春日的錄音帶與彩色的幻燈片

麥堅利堡　鳥都不叫了　樹葉也怕動
凡是聲音都會使這裡的靜默受擊出血
空間與空間絕緣　時間逃離鐘錶
這裡比灰暗的天地線還少說話　永恆無聲
美麗的無音房　死者的花園　活人的風景區
神來過　敬仰來過　汽車與都市也都來過
而史密斯　威廉斯　你們是不來也不去了
靜止如取下擺心④的錶面　看不清歲月的臉
在日光的夜裡⑤　星滅的晚上
你們的盲睛⑥不分季節的睡著
睡醒了一個死不透的世界

睡熟了麥堅利堡綠得格外憂鬱的草場
死神將聖品擠滿在嘶喊的大理石上
給昇滿的星條旗⑦看 給不朽看 給雲看
麥堅利堡是浪花已塑成碑林⑧的陸上太平洋
一幅悲天泣地的大浮彫⑨ 掛入死亡最黑的背景
七萬個故事焚毀於白色不安的顫慄⑩
史密斯 威廉斯 當落日燒紅滿野芒果林於昏暮
神都將急急離去 星也落盡
你們是那裡也不去了
太平洋陰森的海底是沒有門的

【題解】本詩作於民國五十一年，時作者因公赴菲，臨其地而賦詩。見收於羅門著《第九日的底流》，五十二年，藍星詩社印行。

麥堅利堡爲一著名的公墓，埋葬著二次大戰期間戰亡的七萬美軍的骨骸。作者面對七萬座大理石十字架，爲戰爭所帶來的浩劫震撼、沈思；全篇筆調甚爲森冷，充滿對戰爭的質疑與指控，所謂正義、光榮、偉大、不朽等耀眼的名詞，在死亡的陰影下，只是令人感到茫然。

這是一篇具有歷史感的長詩，是作者的代表作之一，發表後，驚動詩壇；獲得菲律賓總統金牌獎，也引起詩論家的廣泛討論。作者本人曾對本詩的寫作背景與主題有所詮釋：

「麥堅利堡（Fort Mckinly）是紀念第二次大戰期間七萬美軍在太平洋地區戰亡；美國人在馬尼拉城郊，以七萬座大理石十字架，分別刻著死者的出生地與名字，非常壯觀也非常淒慘的排列在空曠的綠坡上，展覽著太平洋悲壯的戰況，以及人類悲慘的命運，七萬個彩色的故事，是被死亡永遠埋住了，這個世界在都市喧噪的射程之外，這裡的空靈有著偉大與不安的顫慄，山林的鳥被嚇住都不叫了。靜得多麼可怕，靜得連上帝都感到寂寞不敢留下；馬尼拉海灣在遠處閃目，芒果林與鳳凰木連綿遍野，景色美得太過憂傷。天藍，旗動，令人肅然起敬；天黑，旗靜，周圍便黯然無聲，被死亡的陰影重壓著……作者本人最近因公赴菲，曾往遊此地，並站在史密斯威廉斯的十字架前拍照。」

「戰爭是人類生命與文化數千年所面對的一個含有偉大悲劇性的主題。在戰爭中，人類往往必須以一隻手去握住『偉大』與『神聖』，以另一隻手去握住滿掌的血，這確是使上帝既無法編導也不忍心去看的一幕悲劇。可是為了自由、真理、正義與生存，人類又往往不能不去勇敢的接受戰爭。

透過人類高度的智慧與深入的良知，我們確實感知到戰爭已是構成人類生存困境中，較重大的一個困境；因為它處在『血』與『偉大』的對視中，它的副產品是冷漠且恐怖的『死亡』。我在〈麥堅利堡〉那首詩中，便是表現了這一強烈的悲劇性的感受。」

【作者】羅門，本名韓仁存，民國十七年出生於海南省文昌縣。空軍飛行官校習飛兩年。

美國民航中心（F A A·T·C）畢業。四十一年，考進民航局工作，曾派往菲律賓觀摩民航業務、往美國民航失事調查學校研習。曾任民航局高級技術員。六十六年，自民航局退休，專事詩的創作。

羅門爲現代詩名家，被譽爲「重量級的詩人」、「詩壇的守護神」，和他的夫人—也是名詩人—蓉子女士，並稱詩壇雙璧。民國四十三年，羅門認識蓉子，開始寫詩，第一首詩〈加力布露斯〉發表於《現代詩》季刊，即受到主編紀弦的青睞，特別以套紅刊登出來。四十四年，與蓉子結婚，並舉行婚禮朗誦會，詩人紀弦、上官予、彭邦楨等共襄盛舉。四十七年，出版第一本詩集《曙光》，其後寫作不輟，取材廣泛，以描寫戰爭與都市之類的作品，最受人矚目。無論是意象的營造、主題的訴求，以及氣氛、節奏的掌握等，都顯示了「力」與「美」的質素，相當具有個人風格。除了創作，也發表論述，闡發他個人對於詩與藝術創作的理念，「第三自然螺旋型」架構，即是他以作者爲中心的創作理論。他和蓉子的住所「燈屋」，其中的各種擺設、燈飾，也充分發揮他的創作精神。「燈屋」因此成爲詩人朋友最喜愛的聚會場所。

羅門的詩受到各方面的肯定與獎賞。例如〈麥堅利堡〉詩，曾引起評論家的討論，也獲得菲總統馬可仕金牌獎。他的作品曾經入選英、法、日、韓等外文詩選，以及六十多種中文版的詩選集，也曾經碑刻入臺北新生公園、臺北動物園及彰化市。他所獲得的獎項，包括中山文藝獎、中國時報推荐詩獎、教育部詩教獎、菲總統金牌獎與大綬勳章、美國第三屆世界詩人大會特別獎與接受加冕……等等。而海內外著名學人、評論家對他的評介文章，也已近八十萬字，目前已見五本專門評論羅門作品的書。

羅門熱愛詩的創作，也有藝術方面的才華，更熱衷於推展詩與藝術的結合。因此他寫詩、藝術評論，也擔任過各種學校團體新詩創作的指導員、評審者，推廣詩與視覺藝術、詩與多媒體、詩與新環境等活動。在「羅門、蓉子文學世界學術研討會」（一九八八年，海南大學、海南日報社聯合主辦）會上，羅門以「將同詩走完我的一生」爲題發表自已的詩觀，這也是羅門貫徹不悔的創作理念、人生理念。對這位已過花甲之年的詩人來說，生命沒有極限，每一圈年輪都將刊刻他的詩的創作。

羅門著有詩集：《曙光》、《第九日的底流》、《死亡之塔》、《羅門自選集》、《曠野》、《羅門詩選》、《隱形的椅子》、《日月的行蹤》、《整個世界停止呼吸在起跑線上》、《有一條永遠的路》等十種，另與蓉子合著《日月集》（英文版）、《羅門蓉子短詩選》；又有論文集：《現代人的悲劇精神與現代人》、《心靈訪問記》、《長期受著審判的人》、《時空的回聲》與《詩眼看世界》五種。

【註釋】

① 麥堅利堡：（Fort Mckinly）在菲律賓馬尼拉城郊。爲紀念第二次大戰期間七萬美軍在太平洋地區陣亡，美國人在此地區建立美軍公墓，約計七萬座。

② 煙花節：象徵那施放煙火歡騰的慶祝節日。

③十字花：十字架墓碑。

④擺心：使鐘錶擺動的主要機件。

⑤日光的夜裡：這是弔詭的說法，作者運用的是內在透視力，因爲對死者而言，即使在白天，也如同夜晚一樣。

⑥盲睛：瞎了的眼睛。因戰士皆已死亡，故云。

⑦星條旗：指美國國旗。

⑧碑林：石碑衆多如林。

⑨浮雕：彫又作雕，雕刻的一種。在一個有厚度的平面上雕刻，雕成之後的花紋，凸出於平面上，就稱作浮雕。多用於建築及裝飾上。

⑩顫慄：恐懼、害怕。指死亡。

【賞析】羅門的詩，善用意象與譬喻，他所塑造的氣勢，更有如長江大河一般遼闊。這首〈麥堅利堡〉，即是雷霆萬鈞的不朽鉅作。

一、主題：對戰爭的省思

自古以來，人類不斷遭受戰火的洗禮與肆虐，戰爭也成爲文學上的重要主題。有的歌頌戰士的英勇，有的哀憐百姓無辜；而羅門這首〈麥堅利堡〉卻超越了這兩種泛濫的情感，直接透視戰爭的荒謬本質：戰爭如果是神聖、偉大的，爲什麼必須以鮮血和頭顱來獻祭？戰爭如果是光榮、不朽的，爲什麼史密斯、威廉斯，或者其他人回不去故鄉接受喝采，只能在陰森的地底長眠？這些人的殞滅，連上帝也無法阻擋。在這「美麗的無音房」，時間停止流轉，四季已經沒有了意義，生命，只不過是石碑上幾行文字與數字而已！那些犧牲的勇士們，長眠地底，墓碑成林，如同「一幅悲天泣地的大浮雕」矗立著，無聲無息。在這裡，所有的指控、吶喊都緘默了，「你們是那裡也不去了／太平洋陰森的海底是沒有門的」這兩句結語，表達了作者內心最深沈的慟楚，讀之令人也有欲哭無淚的悲慨。

二、內容：生死哀榮，深沈痛惋

開端兩行，有序言的作用，由此展開全文。正文第一節，僅只兩行，但把戰爭擬人化，說它「坐在此哭誰」，彷彿讓我們看到一個懺悔者在墓園裡追悔低泣。我們正要與它同悲，作者卻立刻揭露它的罪狀：「它的笑聲曾使七萬個靈魂陷落在比睡眠還深的地帶」。世上什麼比睡眠還深呢？只有「死亡」了！這裡用暗示的手法，描述在戰火熾熱，也就是「戰爭」得意狂笑時，它把七萬軍士推入死亡之地！是故在第一節，已經表現了詩的張力：戰爭、死亡、殉難者都已包羅進來，顯示彼此間的複雜關係。

第二節，「冷」字是其中的重點。太陽、星月、太平洋的浪，以及入冬的海水，作者都賦予「冷」的感覺，但是最冷的還是史密斯、威廉斯這些名字，當這些名字運回家鄉時，必然使親友哀慟非常。但是也只有名字了，屍骨已殘、衣物已毀，留給世間的，就只有空蕩蕩的名號而已，怎麼不教人心灰意冷呢？光榮、死亡、戰爭、偉大，在這裡都擬人化，「光榮伸不出手來」、「偉大它爲什麼不笑」，加深了我們的印象，更加體會其中的反諷意味。因爲再大的榮耀，也只能鐫刻在墓碑上，換不回一個活生生的史密斯、威廉斯：當「戰爭」爲自己的殘害生靈而哭時，「偉大」又怎麼笑得出來？第五行「血已把偉大的紀念沖洗了出來」，「沖洗」一詞，令人聯想海浪沖刷岩岸，終於露出崢嶸的礁石；當戰士的鮮血流盡，果然也就獲得了勝利的成果，也就是「偉大的紀念」。但是想想那是鮮血換來的啊！莫怪「戰爭」都哭了，「偉大」也笑不出來。「沖洗」本是尋常詞彙，但是在這裡得到發揮，整句話充滿了動感。

第三、四節，暫且放下對「戰爭」的質詢，轉而描述墓園的景致、氣氛，長眠地底的殉難者以及到此參觀禮敬的遊客。整個墓園，都沈浸在肅穆的氣氛中，沈默、寂靜，接近死亡的氛圍；事實上這裡就是死亡的國度，遊客只是偶爾造訪。第四節第六行的神、敬仰（人們的敬仰）、汽車與都市（都是指遊客的蹤跡），像這些造訪者，都不可能久留，因此說這裡是「死者的花園 活人的風景區」。這句話極爲沈痛，也相當諷刺，出生入死的勇士們，死後竟成爲遊客拍照留念的對象？

但是作者本人對殉難者是相當痛惜的。作者正巧站在史密斯、威廉斯的十字架前，因此詩中一再召喚其名，彷彿是在招魂，安撫著亡靈。而在第三節第四行，作者更說「我只想知道／那裡是你們童幼時眼睛常去玩的地方／那地方藏有春日的錄音帶和彩色的燈片」，這裡用「眼睛」來代稱其人，是詩的用法，同時也和第四節第八行與最後三行作呼應。眼睛可以觀看世界，是生命的象徵，但是這些長眠的戰士是再不能觀看一切了。一個頭顱枯骨，也只剩下兩個凹陷的眼洞，因此他們「看不清歲月的臉」，他們的「盲睛」永遠閉眼熟睡。童年、春日、音樂帶、幻燈片，這些零碎的意象，卻都是青春、美好的象徵，因此作者特別關心戰士們曾經擁有的青春歲月。只可惜，這一切都成惘然。這兩節譬喻特多，描寫得也很細膩，讓我們深深惦念這些殉亡的戰士。

最後一節，前兩行將氣氛揚起，和前兩節的哀怨幽靜不同。這裡，作者不再用迂迴的筆描述死亡，從第一行到第五行，一方面是教「死神」直接登場，一方面則是爲「麥堅利堡」頒封最後的冠冕，然後爲這段歷史做一個結論。麥堅利堡是「一幅悲天泣地的大浮彫」，這個意象，充滿了悲壯的意味。以黃土爲底，七萬個十字墓碑，構成一幅藝術鉅作——卻也負載了何等深沈的記憶和情感！的確沒有更貼切的比喻可以凸顯此地的特殊景象。但是這幅浮彫，並非爲欣賞藝術而作，它所掛之處，是「死亡最黑的背景」，當我們用良知審視「七萬個故事焚毀於白色不安的顫慄」，對於戰爭，對於歷史，恐怕也將陷於和作者一樣的茫然吧！

在揭露死亡的面目之後，作者再次呼喊戰士之名，告訴他們，這個死亡的國度，連「神都將急急離去」，唯有他們「那裡也不去了」，呼應第四節第七行的「不來也不去」。爲什麼呢？因爲戰士們已安息於此，長眠九泉嗎？「太平洋陰森的海底是沒有門的」，這眞是一句力透紙背的話，超乎常人的想像，原來戰士不來不去，是因爲他們的靈魂找不到出口，不得其門而出！多麼沈重、多麼體恤的推想，令人盪氣迴腸，低迴不已。

三、佳句選析

最後，剖析幾處極爲奇特、精準的譬喻。

「太平洋的浪被炮火煮開也都冷了」：用炮火來煮沸太平洋的海水，似乎是異想天開，但這句話其實涵攝了這樣的意義：當炮火擊中海面上的艦艇，火光與浪花、機械殘骸與破碎骨肉，一切都迸烈橫飛，死神也就乘虛而入，最後一切都灰飛煙滅，都是死寂、陰冷。

「凡是聲音都會使這裡的靜默受擊出血」：聲音和靜默，兩者之間本就存在著緊張的對峙關係，但是怎樣去表現聲音打破靜默的結果呢？作者用「受擊出血」四字，「受擊」這個動作，使聲音和靜默二者都作了質性的轉換，由抽象變成具體的主客雙方，一擊一受，形成更尖銳的對峙關係。「出血」的意象十分鮮明，既表示「靜默」受到嚴重傷害，也和戰爭主題隱隱扣合。

「麥堅利堡是浪花已塑成碑林的陸上太平洋／一幅悲天泣地的大浮彫」：「大浮彫」句已見上文。這裡把麥堅利堡比喻爲陸上的太平洋，但關鍵處是碑林和浪花的相似性。爲什麼浪花可以塑成碑林：浪花在太平洋上起伏洶湧，若是把這畫面靜止，高低突起的浪峰，和羅列林立的十字架、墓碑，不是十分相似嗎？以太平洋取譬，是緣於地理位置的關係，但「陸上太平洋」則更顯示此地的紀念意義。

〈麥堅利堡〉這首詩不僅表達了作者對該地殉亡戰士的哀悼，也帶領我們穿透時空，對戰爭的意義愼重思考。篇中澎湃激昂的情感，更讓我們心靈受到徹底的洗滌。

貳、窗

猛力一推　雙手如流①
總是千山萬水
總是回不來的眼睛

遙望裡
你被望成千翼之鳥
棄天空而去　你已不在翅膀上
聆聽裡
你被聽成千孔之笛
音道②深如望向往昔的凝目③
猛力一推　竟被反鎖在走不出去

的透明裡

【題解】本詩選自羅氏著《死亡之塔》，民國五十八年六月，藍星詩社出版。羅門以現代都市爲題材，始自〈都市之死〉（收在《第九日的底流》，民國五十二年五月藍星詩社出版），爾後諸多作品，均朝此方向發展。在他的都市詩中，不僅對都市有宏觀的抒寫，也能擴展到都市的各個角落。在描摩都市生活的形態之外，更能深刻的批判都市的物質文明，直指都市人的心靈狀態。這首〈窗〉，藉著窗的意象，表現都市人對窗外自由空間的嚮往，但仍無法突破無形的束縛，其矛盾與痛苦，足堪玩味。這首詩在想像力、用詞上，都相當具有超現實的意味，被評論家譽爲最富現代感的現代詩之一，也是他都市詩的代表作之一。

【註　釋】

①　雙手如流：形容雙手推窗的動作，就像水流一樣快速、有力。用「如流」一詞，彷彿把雙手轉化爲水流，充滿動感。

②　音道：指「千孔之笛」所發出的聲音悠揚遠播。

③　凝目：專注的眼神。這裡將聲音（聽覺）轉換爲眼睛（視覺）。

【賞析】靠在窗邊欣賞風景，是人人都有的經驗，窗，的確是一個方便的缺口，讓室內的人得以釋放他的視覺、思想與情感，遊目騁懷。但是推窗而望，到底看到了什麼？是熱鬧的街景、擁擠的住宅，還是遠山白雲？在羅門的〈窗〉，第一節裡說，「總是千山萬水」，顯然詩人渴望看到的就是青山綠水，而不是嘈雜的凡塵俗世，因此這一看，看得出神、忘我，於是說「總是回不來的眼睛」——這句眞是妙透了，成語有謂「望眼欲穿」，把眼珠子都給看穿了，凸出來，但是羅門更說眼睛「回不來」，爲什麼回不來？就是因爲心中渴望山水，所以連眼睛都捨不得、忘記回到本位。這當然是一種誇張的說法，但充分體現了被禁錮的心靈，對外面廣闊空間的渴望。

第二節，在遙望、聆聽之中，人可以自由想像，解脫束縛已久的心靈。想像自己是千翼之鳥，自由飛翔；想像自己擁有一支千孔之笛，在林間吹響，笛音嫋嫋，在山谷低迴，然而這些想像，羅門用的是詩的語法來表現。「你被望成」、「你被聽成」，原本是人自己的想像，現在卻被客觀化、物化，變成被欣賞的千翼之鳥，而且更超越天空，「棄天空而去」，「你已不在翅膀之上」，又從千翼之鳥變成另一種更自由的存在，比天空更遼闊，比千翼之鳥更能四處遨遊。在聆聽裡，「你」甚至被化爲非生物的千孔笛，由造物者吹奏，發出深遠的音聲。但是，「音道深如望向往昔的凝目」一句，卻使得前段千翼之鳥所造成的高昂氣氛驟然下降，把情緒帶入低沉的狀態，在回首已往，在專注凝視的目光中，人又看到了什麼呢？羅門並未告訴我們，但是此語既出，卻令人跌入深深的省思之中。

最後一節，用「猛力一推」起句，和第一節首句呼應，但以下的文意卻截然相反。這一推，不再是千山萬水，卻是「竟被反鎖在走不出去的透明裡」——這眞是一句涵義相當複雜而弔詭的警句，和前兩節所述，甚不搭調，甚至矛盾。推開窗子，不是爲自己開啓另一個空間嗎？怎麼會被「反鎖」，而且是一個「走不出去的透明」呢？既是「透明」，又怎麼可能走不出去？諸多疑問，糾結起來，就是羅門之所以造出此語的用意：因為在都市生活的人們，在有限空間居住的人類，我們的視野、心靈，其實都是被限制、禁閉的，縱使有窗，也解決不了生活上的閉塞、窘迫，也逃不出天地的牢籠。這些都是隱形的框框，看不見的壓力，因此說是「走不出去的透明」；人們即使猛力推開窗，運用想像力奔逃到另一方，也不過是走入另一個受限制的空間，這不是把自己「反鎖」在其中嗎？羅門的觀察和結論，可說一語道破現代都市人的悲劇，也是人類生存的困境。也許，在上一節「望向往昔的凝目」之中，羅門所看到的，就是這樣命定的悲哀，不可突破的僵局。

〈窗〉的主題如此深刻，那麼這裡的「窗」，就不僅止於平常所見的窗。它既是房子裡具體可觸的窗，也是心靈透視外界的窗；在羅門自己的詮釋，更是「生命本質存在的窗」。羅門〈追索的心靈〉一文（見《時空的回聲》，德華出版社）可供參考。

叁、山

㈠

它幽美的線條
一直被海浪
高談闊論①

畫得不像
　又塗掉
它從不說什麼
只美在自己的韻律裡

風雲鳥
也畫過它
但筆觸②太輕飄
　都留不下來
倒是它簡單的一筆
　又剛又柔的
把風的飄逸
　雲的悠遊
　鳥的飛翔
全都畫在那裡

(二)
只有讓眼睛走到凝視③裡去

我才能走進你黛綠色的吟哦④
　低處是水
　　　　　　高處是樹
雲與海遠去
你獨自留下
留滿頭的天空
滿腳的荒野
讓千年風雨纏住那棵古松
盤⑤那張鷹翅入萬里的蒼茫
你的那朵高昂　一落入水平線
　　　　　便是一個遠方
而那串溫婉與連綿　一睡進去
　　　　　　　便是一個夜深過一個夜
夜是你的門
　你的窗

你的燈屋
你的睡目　你的摒棄一切看見過後的看見⑥
太陽已睡成岩層⑦
河流已睡成根脈⑧
鳥聲已睡成金屬⑨
天空與原野已睡成大理石的斑斕⑩
誰能醒你　除了眼睛在凝視中永不回來
除了那縷煙已被眼睛拉斷成繩子
而去與不去　你都是永遠

【題解】這兩首「山」，分別選自《羅門詩一百首賞析》——朱徽著，民國八十三年元月，文史哲出版社出版；以及《隱形的椅子》——羅門著，民國六十五年，抽頁裝訂本。羅門有多首描繪大自然的詩篇，山、河、海、雲都是其吟詠的對象。在這些作品中，超越的想像力，絕妙的形容譬喻，往往令人驚奇傾倒，因爲羅門筆下的大自然，並非完全「白描」，或是簡單的「寄情山水」、「詠物明志」，而是透過其敏銳的內在「凝視」，呈現出其所謂「第三自然」的山水。羅門的山水詩篇，具有辯證理趣，蘊藏了主體與客觀和諧、統一的生命力，也表現了藝術與自然的共通美感。這裡所選第一首「山」，透露了看山的美學，第二首「山」，則代表詩人「凝視」下的山，呈現物我合一的境界。

【註釋】

①高談闊論：原謂見地高超、方面寬廣的言論。這裡形容海潮湧起，彷彿在討論怎樣畫出山一樣的線條。

②筆觸：指繪畫時，描繪、運筆著力觸及畫面的筆力、形狀，是表現畫面形象及線條的技巧。這裡形容風、雲、鳥停留在山的身邊，時間短促，好像繪畫的筆觸太輕，所以沒留下痕跡。

③凝視：專注的看，觀照事物內在的本質。羅門有「詩眼七視」的理論，分別是：環視、注視、凝視、窺視、俯視、仰視及無視。意謂以不同的觀察方式，由外而內、由上而下，以至突破「有」「無」的限制，洞察宇宙人生的生命結構。詳見中華日報副刊，八十三年四月二十六日，羅門著，〈詩眼七視〉。

④吟哦：吟詠。指山內在的旋律、生命力、本質之美。

⑤盤：盤旋。本句意謂老鷹張開翅膀在山頭盤旋飛翔，而後沒入天際。鷹翅，指鷹，部分代全體的修辭法。

⑥看見句：謂更高層次的觀察、觀照。「摒棄一切看見」即拋棄世俗所見的一切，此後的「看見」，才是超越世俗的觀察，可以洞悉事物的本質，見證宇宙的眞理；接近作者所謂的「凝視」。

⑦岩層句：本句謂白晝時，山岩吸收太陽的光波，貯藏在其內部，到了夜晚，山即使熟睡了，它內部仍是清醒的，有光波、光能在流動。更進一步說，山即使在睡眠狀態，但睡時比醒時更清醒，在山的內部，它的生命就像太陽的光能在流動，只不過表面上是冷靜、寂靜。山由躍動、奔流到冷凝下

來的生命歷程，即是其內在的轉化結果。此即作者詩論中的「第三自然的轉化」。

⑧根脈句：本句謂河流在地表流動，而山裡的大樹根脈，也是活的，有生命在其中流動，二者之間精神內涵是相通的。因此即使在夜裡，山雖寂靜，但仍可想像在大樹根脈中，水分、資料、空氣等各種生命的物質仍然在流動，就像河流一樣。

⑨金屬句：本句謂金屬聲的迴音響亮、清越，就像鳥聲一樣，二者都是生命中最美的聲音。因此在夜幕中的山，仍然包藏著這些美而動人的聲音。

⑩斑斕句：本句謂天空雲彩、原野樹林的線條、色彩也在夜幕中沉凝，變成如大理石般的斑斕；這兩者都具有深沉莊重的美，以上四句，都用「已睡成」來連結譬喻的主體與對象，須從二者的類似關係去了解譬喻的主旨。大體而言，這都是作者超乎平常理的想像，令人驚奇不已，但主旨都指向：夜裡的山，比白晝更清醒，仍然蘊藏豐厚的生命力與美的質素。

【賞析】這兩首〈山〉，雖然同名，但所流露的意趣卻有所不同。第一首〈山〉，以客觀的角度描摹山的優美、第二首〈山〉，寫的是羅門個人心目中「凝視」的山，有「山是我」「我是山」的意味，呈現了物我合一的境界，也突顯了羅門個人的理念。

一、用詩的筆畫山

第一首〈山〉在前半部，用「海」做對比，山的形狀與海浪的起伏，本就有異曲同工之妙，但羅門偏偏說是海模仿山，而且「畫得不像／又塗掉」；海浪本就是波起潮湧，變幻不定，但這裡說它想畫山又塗掉，充滿了想像的趣味。相對於海的變動，山是沉靜的，因此「它從不說什麼，只美在自己的韻律裡」，山無言的展示自己的線條，就是一種美，毋庸贅言。後半段，風、雲、鳥也都畫過山，這三種東西，都是經常和山相伴的自然物，因此以它們為例。但是，因為風、雲、鳥飄動、飛翔的線條都是輕盈、輕飄飄，沒有一定的痕跡，因此就不可能畫成山的線條；不過，山的沉靜、安穩不動，卻很能夠襯托風、雲、鳥的姿態，因此說「它簡單的一筆……全都畫在那裡」，「又剛又柔」，指的就是山的形狀、線條，或粗或細，或高或低。全篇都用繪畫做比喻，相當統一，也充滿美感，讓我們想像一幅又一幅的山海圓以及白雲出岫，遠山飛鳥的美麗圖畫。

二、蘊藏豐美的山

第二首〈山〉：第一節即點明，是運用「凝視」的我，才能走進山的世界，看到「低處是水／高處是樹」，這裡「黛綠色的吟哦」，其實就是詩人自我的吟哦，對山的禮讚，對大自然的謳歌。接著，從幾個側面寫山，「雲與海遠去」這節，寫太空中的山，在曠野般的太空中，只剩下兀自挺立的山，因此山所頂的是「滿頭的天空」，踩的是「滿腳的荒野」。這裡的山，彷彿「前不見古人，後不見來者」的草萊英雄，有著超人的膽魄，與亙古的寂寞。「讓千年風雨纏住那棵古松」這節，寫荒野中的山，前兩行的風雨、古松、鷹翅、蒼茫，構成「荒野」的場景與氣氛。而後「你的那朵高昂」句，指的是凸出的山峰，從水平線望去，彷彿是遙不及可的，因此說「便是一個遠方」；「而那串溫婉與連綿」句，指的是較爲平緩的山嶺，峰峰相連，線條柔美，因此說是「那串溫婉與連綿」，在詩人的想像中，若能躺進它的懷抱，「一睡進去／便是一個夜深過一個夜」，睡得十分安詳甜美。

第四節「夜是你的門」開始，寫的是山的內在，也可以說是承接上節「夜」的想像而來。說夜是山的門、窗、燈屋、睡目等，都是詩人匠心獨具的地方，因爲山是深沉寂靜的，唯有夜才足以擔任它的門、窗；而在黑夜之中，人的「凝視」能力也才得以發揮。在黑夜之中，所有白晝時的嘈雜與干擾都遠離了山，山展現的是另一種不爲人知的生命力的波動與深致的「美」：岩層、河流、樹的根脈、谷中回響的鳥聲，甚至靛藍的夜空、幽靜的原野等等，這些景致，唯有透過心靈的「凝視」，才能穿越夜的帳幕，看見山的另一種面貌——也只有詩人才能爲我們標舉出這超越凡俗的美。試問「誰能醒你」，究竟誰能喚醒山，了解山的內在呢？依「除了」兩句的說明，只有具有「凝視」的眼睛，和「那縷煙」兩者，但也都失去了效力，前者「永不回來」，後者「已被眼睛拉斷成繩子」。是故，人或其他東西都不能影響到山，「而去與不去／你都是永遠」就說明了無論我去或不去，山永遠矗立在那兒，山就是「永恒」的化身。最後這三行，寫出了山的悠遠，同時也點出山的象徵，乃一永恒的人生境界，人用「凝視」可以窺見一二，但對於它本身無增無減，「永恒」就是「永恒」，不會被任何外物所動搖。

羅門的詩論有「第三自然」說。他指出，日月江海爲第一自然，人爲環境爲第二自然；

此二者經過創作者的轉化、超越，便成爲第三自然。這第二首〈山〉，便是羅門心中的「第三自然」的山，寫出山在詩人心靈中所引起的顫動，揭示了詩人所體認的人生境界，也就是一個永恒、永遠的境界。

民國八十四年（一九九五）九月九日國語日報

作者：文學評論家、詩人、在臺灣大學任教

名著選介

郭玉文

流浪人

被海的遼闊整得好累的一條船在港裡
他用燈栓自己的影子在咖啡桌的旁邊
那是他隨身帶的一條動物
除了它　娜娜近得比什麼都遠

把酒喝成故鄉的月色
空酒瓶望成一座荒島
他帶著隨身帶的那條動物
朝自己的鞋聲走去
一顆星也在很遠很遠裡
　帶著天空在走

明天　當第一扇百葉窗
　將太陽拉成一把梯子
他不知往上走　還是往下走

週末事件

火車站前的電鐘指著七點半
夜便沿著垂直的禮拜六
　投霓虹燈的彩色照明彈
　在瞳孔明麗的方場上
除了眩目的屍衣裏住一些趕時髦的死
酒與瑪麗　是唯一在廢墟上
　　昇起的噴泉與塑像
酒與瑪麗是禮拜六的風浪與渡輪
運著賣笑的週末
在少女搖擺的那條河上
好危險的漩渦

漩進去，準死在渦心裡

當酒與臉　瑪麗與他

說完那段火的故事

街道也清出輪聲與鞋印

天空裡的那顆星

便投下海明威手中的魚勾

勾住那座空瘦的城

賞析：流浪與寂寞

羅門從事詩創作近四十年，詩風堅實有力、意象明朗、音響跌宕自成一體，廣受詩壇推崇。其詩作〈麥堅利堡〉更有許多評論者爲文討論過，可謂氣勢宏偉撼動人心，此處暫且不談，僅選其短詩二首試論如下：

〈流浪人〉：

歷經漫長海上旅行的一條船正靜靜地停泊在港灣中休息，那個剛下船的流浪船員來到海港的咖啡廳中坐著，伴著他的唯有自己的影子。那影子因爲燈影的投射，猶如一條與他形影相隨的動物，忠實地陪伴一旁。除了它之外，即使曾經如此貼近的風塵女娜娜，雖然軀體是接近的，而心靈卻相距如許遙遠。

酒一口一口喝著，竟彷彿是他故鄉的月色，他飲完一瓶又一瓶如鄉愁般的酒，卻依然不見故鄉，而空酒瓶竟好像幻化成一座荒島，嘲弄著他的鄉愁。於是，他帶著他唯一的伴侶──影子，離開了咖啡廳。暗夜裡的街巷如許沈寂，只有他的鞋聲在前頭引路，仰望星空，那最亮的一顆星竟好似在遙遠的天空中跟隨著他，整個蒼穹則因爲星子的牽引而跟著移動。今日即將逝去，當明天的第一道陽光透過百葉窗照射進他所客居的旅店，他將被陽光所喚醒，而爲百葉窗折射成階梯狀的陽光，竟隱隱觸動他的心弦，他感知到茫茫的未來。未來，他將往何處行去，前方將有什麼在等待著他？竟彷彿是一些沒有解答的問題。

一般船員給人們的刻板印象總是粗獷、豪邁而放蕩不羈，人們聽過太多海上喋血的故事，卻咸少探究他們細緻的心理層面、也極少主動了解當他們在茫茫的大海中航行時，必須數十天、數月方能見到陸地的寂寞與壓抑，有許多人在這樣的生活中喪命，甚且瘋狂。羅門看到了這個部分，並將他們的心理活動描寫得極爲深入而動人，他運用諸如／被海整得好累／、／一條船／、／影子／、／近得比什麼都遠／、故鄉／、／空酒瓶／、／荒島／、／一顆星／、／很遠很遠／……等意象鋪陳船員的實際生活與感受。其中部分使用擬人化手法，更加強了船員的形單影隻，彷彿必須藉由想像爲自己塑造出一些生活中的伴侶，以使生活多些味道。如詩的第一行，如人們所知，海是一種自然界的景觀，而船是造來於海上航行的，在詩裡它們卻分別有了生命，於是船可以「被海整得好累」。

在第二句第三句中，他更將影子擬人化成「一條動物」，這條動物被他自己「栓在桌邊」。事實上，影子的產生是光的自然作用，自然談不上是眞正的伴侶，而藉由影子暗喻人的孤單，自古以來已有許多詩人作過類似的嘗試，如李白的「舉杯邀明月　對影成三人」，但羅門的特別處在於「拴」這個字。對一個寂寞的人而言，將自己的影子緊緊「拴」在自己身邊，顯得多麼淒涼，我們可以說這個字的使用，使人的寂寞更具體落實在感官中，同時更強化了寂寞的深度。在感覺的營造上，確實是成功的。

酒本來不會是故鄉的月色，空瓶本來不可能是荒島，然而在第二段中，這樣的描述卻顯得如此理所當然，這是因爲對一個寂寞的人而言，任何事情都可能引發他的鄉愁，一點點蛛絲馬跡都是他藉以回憶的根據。而／朝著自己的鞋聲走去／一句，是利用鞋子踩在地面的單調節奏與音響，突顯出整個場景的寧靜與空寂，並進而闡明主角的心境。然後／一顆星也在很遠很遠裡／帶著天空在走／，同樣的，星星及天空正是主角的心理寫照，我們不妨將星星視爲主角個人，天空視爲茫茫人海塵寰；他一個人在一個陌生的地方走著，而屬於他自己的一片天空則跟隨他到任何一個地方（或鄉愁永遠像無法治癒的宿疾，如風箏般時時牽繫）。／明天　當第一扇百葉窗／將太陽拉成一把梯子／他不知往上走　還是往下走／。陽光代表一天的開始、象徵希望，然而當一個流浪的人在面對陽光時，他的未來也許仍舊是無止境的流浪，他的最大抉擇竟然是「該往哪裡走」？讀來令人唏噓不已。

以上解釋乃針對字面上的表象意義而言，但是讀者同時可將之視爲人類所共同有過之生命經驗：每個人生存在世界上也許會有許多親人朋友，但最終他所必須面對的永遠是單獨的自己，他的內心永遠存有不爲人所探知的部分。是以「寂寞」將是人類永恆的課題。

〈週末事件〉：

／火車站前的電鐘指著七點半／夜便沿著垂直的禮拜六／投霓虹的彩色照明彈／在瞳孔明麗的方場上／。首先，我們必須先解開隱藏於詩句中的密碼，方能一登本詩殿堂，這個密碼位於第二句的「垂直」處，何謂垂直？如果我們將週一至週六上午的行進視爲一條直線，那麼即將自週六下午開始的週末假期無疑地是叉開直線之外的線路，又設若我們將一整天的時間視爲一條直線，那麼始自週六下午的假期則將一日分爲二，又是一條叉開的線路，我們不妨將它用以作爲詩人所以選擇「垂直」一詞的解釋。此外「垂直」亦是爲／投霓虹的彩色照明彈／的暖身預備動作，因爲在週末夜晚紛紛點亮的彩色霓虹，正如立在一個定點上將它的眩目色彩垂直放射，而垂直一詞更使「投」一字的動作更強化它的效果，所以這個詞句在此愈發顯得重要。／在瞳孔明麗的方場上／，事實上這裡的瞳孔所以明麗，乃是因爲霓虹的照射之故，具有與前句前後呼應的作用，更說明了一個人正處於都會的燈紅酒綠之中，點出人物所在的位置。

／除了眩目的屍衣裹住一些趕時髦的死／酒與瑪麗　是唯一在廢墟上昇起的噴泉與塑像／。在這裡，前一句所指的是「人」，後一句所指的是「物」，人與物組成了高度文明下的如廢墟般的現代墮落城市，而生活在其中的人們則猶如行屍走肉般爲虛無與紙醉金迷所淹埋，享受短暫的週末狂歡。因此，他們雖然追求時髦，心靈卻瀕臨死亡，他們用以包裹身軀的眩目服飾雖然美麗，但在缺乏精神的支持下，只不過是一襲襲的屍衣罷了。在這樣一座不夜城中，酒是城中的噴泉，而風塵女郎瑪麗成爲一座塑像；酒是城市的點綴，瑪麗是城市夜裡的精神領袖。

／酒與瑪麗是禮拜六的風浪與渡輪／運著賣笑的週末／在少女搖擺的那條河上／好危險的漩渦／漩進去，準死在渦心裡／。在這一段文字中，羅門以「搖擺的那條河」、「漩渦」、「渦心」等作爲城市的「性」象徵，而「死在渦心裡」無疑便是現代都會男女所追求的速食愛情，他們任平日的壓力與責任在此種短暫的男歡女愛裡獲得發洩與紓解，他們不需要有任何負擔，因此他們可以任自己「死」在其中。這裡所謂的死並不是一種眞正的死亡，而是擺脫壓力、澈底解放的代名詞。我們可以看到羅門運用文字的功力，他將酒與瑪麗類比爲風浪與渡輪，而風浪與渡輪所承載的是「賣笑的週末」，整段文字不僅具體而鮮明地道出現代男女的生活模式，同時在意象與氣氛的營造上亦有足夠的藝術性。

／當酒與臉　瑪麗與他／說完那段火的故事／街道也清出輪聲與鞋印／。酒是墮落的符號，臉是人類的皮相，同屬一種表象；瑪麗是一具肉體，他也是。首先，是一種表象的交手，進而是一種肉體的交易，他們終於說完「那段火的故事」，所謂的火的故事，無疑指的是肉體的交歡。當一切的醞釀與前戲在最後一個階段達到目的之後，一切也該結束了，這一切彷彿正是一個現代版的「仙度瑞拉」的故事，是一個現代的「黑色童話」。於是「街道也清出輪聲與鞋印」，灰姑娘們該回家了，輪聲與鞋印帶他們回家、還他們本來面貌。在一切終告平靜之後，這個城市回歸死寂，於是「天空裡的那顆星／便投下海明威手中的魚勾／勾住那座空瘦的城」。海明威在《老人與海》的結束中，安排老人拖回了一副魚的空骨架，但他終究是那麼忠於自己的意志，他終是完成他的自我要求。在詩的最後，天空出現了一顆明亮的星子，睜著眼睛審度人間的一切，那樣的冷靜，那樣的與塵世無涉，彷彿一雙世界之眼，批判著人世的病態。這正是詩人的內在投射，詩人是一個人世的批判者，爲我們診斷出城市的病兆，他居住在這個城市中，卻將己身抽離出城市生活之外。藉由冷靜的批判，他同時也達到了自我完成。

在羅門的這兩首短詩中，我們看到現代人深層的寂寞、沈淪與無助，在閱讀的同時，我們不僅獲致共鳴、感動，同時也審視了自己的生存危機，不啻爲一帖「苦口良藥」。

民國八十年（一九九一）十二月「中國語文」

作者：作家、從事文學評論

從高空俯瞰大地的詩人

——論羅門和他的詩風

丁　平

前言

近年來，在臺灣與香港都有人說羅門的《遙望廣九鐵路》（一九八三）一詩是余光中《忘川》（一九六九）的「再版」；這種說法，不是缺乏讀詩的見識，就是說了不負責任的話。其實這兩首詩無論是創作的風格，語言的構成形態與氣勢，題材的運用，藝術技巧的表現，時空景物的處理，意象的塑造，精神情思的質感與張力，都無一處相同。除了戰爭苦難與懷鄉，這些屬於全體詩人的「公產」相同外，兩首詩幾乎是「風馬牛」不相關的。據我所知，羅門直至現在，尚未看過余氏的「忘川」的。如果說「遙」詩是「忘川」的再版，則凡是寫懷鄉詩，都是「忘川」詩的再版了。譬如寫美國軍人公墓的〈麥堅利堡〉詩，先後計有〈覃子豪〉、〈余光中〉、〈羅門〉、〈洛夫〉、〈向明〉、〈張默〉、〈蕭蕭〉〈辛鬱〉、〈舒暢〉、〈流沙河〉、〈林泉〉等十一位詩人，豈不是成爲「麥」詩的第九版。這已很清楚了：《遙望廣九鐵路》與《忘川》，是兩首各自獨立的詩。「遙」詩的確是從另一角度，另一種技巧去「詮釋」與「延伸」這個主題的——「懷鄉」，若說兩詩同樣都企圖爲歷史彫出在這個特定時空中的苦痛情境，構成中華民族一系列史詩上的一葉，尚爲可以，何況此詩在發表出書後，已被主編佳評爲中國現代史詩的經典之作（見春暉叢書21號書的評介）

一、淺釋《穿過上帝瞳孔的一條線》

羅門這首《穿過上帝瞳孔的一條線》，只是他《遙望廣九鐵路》一首組曲中的第三章（或者說是第三個「子題」）。這首曲已編入他在一九八七年出版的第七本詩集《時空奏鳴曲》中，同時這首詩已相連被詩人兼詩評家陳寧貴和林燿德分別在報章發表好評，與〈羅門〉的另兩首戰爭主題詩《麥堅利堡》及《板門店》，同樣受詩壇重視。

依照羅門自己說，他的《時空奏鳴曲》，可說是他現代詩創作的「第六期」。這一時期，在基本創作上，仍是把詩創作的精神內涵世界，從多方面放在人類存在的幾個重大的生命主題——「時空」、「死亡」、「戰爭」、「都市文明」、「性」、「大自然」和「自我」等的探索上。在以上諸般主題中，仍以長、短詩並重，仍是機動地運用「比喩」、「象徵」、「超現實」、「抽象」、「投射」，以及「電影掃描」與「視覺藝術的空間組合」、「立體架構」與極限（MINIMAL）等技巧來創作。

在他近數年來的「創作面」與「形態」看來，已更趨向「現代感」與「前衛性」，而且和現實生活更爲接近，確實有不同於以往的，是語言比前期朝更明朗、更直接單純的方向發展，多用白描、直敘技巧，使語言活動，產生較強的動感與速度，在平易中呈現精神思想與情境的深度。例如他在《日月的行蹤》（第六本詩集）詩集中的《提〇〇七的年輕人》和《寂》等詩；以及出版的《時空奏鳴曲》詩集中的《遙望廣九鐵路》和《漂水花》等詩，就是特別吸取傳統詩語言的「律動感」與「精純感」以及「緣發性」等的卓越語境；進一步追求現代詩與傳統詩，能在澈底的溶合中，呈現出現代詩與傳統詩在本質上有關連作用的一種全新詩貌。這種溶合後所產生的新面貌，已明顯地呈現在如下的詩作之中。如：

《晨起》中的：

一呼吸
花紅葉綠
天藍山青

《海邊遊》中的：

海握著浪刀
把山越雕越高
把水平線越雕越細

《溪頭遊》中的：

山在雲中走
雲在山裏遊……
雲遊

千山動
雲靜
山已睡了千年……。

又如：《飛在雲上三萬呎高空》中的：

問時間　春夏秋冬都在睡
問空間　東南西北都不在
整個世界空在那裏

而太空船又能運回
　　多少天空
　　　多少渺茫

《漂水花》中的：

我們蹲下來
天空與山也蹲下來

《遙望廣九鐵路》第三章中的：

「這條線
只要眼睛碰它一下

天空都要回家」

「如果這條線
是一筆描
動便長江萬里
靜便萬里長城」

「車走後
連土地都忘了
　在那裡上下車
整條鐵軌
鞭過天空
聲聲廻響
陣陣痛。」

以上引述各詩中的章句，幾乎都是溶入了中國傳統詩語言和意境的某些質素與精髓。這也是羅門最近由過去在《窗》一詩中的：

猛力一推　雙手如流

總是千山萬水
總是回不來的眼睛
猛力一推　竟被反鎖在走不出去
的透明裏。

……等，含有傳統詩中的「緣發」情境，繼續展現出較能接近傳統詩貌的表現；但值得現代詩壇注意的是，羅門在這些具創意的詩作章句中，其語言的運用是，全面把傳統詩中的意境溶合後，以現代詩的創作形態全新再現的；它不是「新瓶裝舊酒」的貌新而質舊，也不是「舊瓶裝新酒」的全透不出一點兒新的醇芳。這是他在創作過程中，特別強調現代詩的「現代感」與「創新性」的另一項證明。

〈羅門〉的詩，一直都在有脈胳可尋的演變，他最近的三年間，從詩作的表現上，我們可見到的是：以詩與藝術將一切存在推上美的頂峰世界，他雖仍是以「戰爭」、「死亡」、「性」、「都市文明」、「大自然」和「自我」等爲創作的主題，而且著力地吸取中國傳統詩、詞語言的「律動感」、「精純感」與「緣發性」的意境來塑造一種新的詩貌；但他的方向只有一個——擁抱動的西方與活的東方，朝向「中國新的靈運空間，新的人文思想與開放的世界觀」的標竿進發。

上面概論了羅門近三年來詩作的面貌與方向，主要是用作詮釋，他去年六月（一九八六

·六），在香港發表的《穿過上帝瞳孔的一條線》一詩的鑰匙。

這首詩是羅門一九八四年應邀赴「港大」演講，一日與「中大」教授余光中，同站在沙田「中大」宿舍（余光中的居室）的高處，遙望穿過「中大」近郊而向北飛跑的廣九鐵路時，想起了「炮聲」與「鄉愁」中渡過的生命歲月及其他，一時感慨萬千，心中的隱痛與憂慮突發，遂寫了這首可以說是「淚」與「心中之血」，混和著「鄉愁」的組詩。當時他的心境，在《後記》中已表露無遺了。

詩人從「中大」山頂向北放眼一望，噢，是一線在向北伸延。這條線像是南、北韓的三十八度線，又似屹立在東、西柏林之間的圍牆；這一條線，就是叫雲去走訪也是遠的，可是，在他視線之內的一線（廣九鐵路），比人的腳與腳下的泥土更近。這道線因戰爭而被割斷的，令人心碎的時空距離，詩人於是在問，是誰那麼狠，把這條線抛在這片溫柔的南陲地上？爲什麼？這要苦難的戰爭來回答，還是要中國人沉痛的心來回答？

在問蒼天，蒼天不答，詩人只好無奈地把它描劃著：

這條線
只要眼睛碰它一下
天空都要回家
這條線
望入水平線時

連上帝也會想家

這條線在一個遊子的眼裏，心中多恐懼與多可怕啊。羅門以高度的技巧，導演望鄉中的茫茫時空，進入可怕的寂感時，連天空也在陪羅門遙望著家，回不去。它自己都忍不住這種久等的孤苦與悵然，而想起自己也有家要回去；連天空都回家了，世界空茫茫至此，羅門的鄉愁已成爲人類的鄉愁。羅門沿著這條苦痛的穿心線，想起在遙遠的故鄉，母親爲她的遠遊兒子，握著一管粗針密密在趕縫寒衣的顫動的手，又回憶起他斷落在故鄉的風箏裏的童年。他思家、惦娘、懷鄉的思潮起伏著，急急在問：

母親
如果這條線
已縫好土地的傷口
我早坐上剛開出的那班車
沿著妳額上愁苦的紋路
回到沒有槍聲的日子
　　去看妳

這條線固然想把土地的傷口縫好，而那班火車也不是載詩人歸家去安享太平年月的，它如此地來往於南、北之間，載去的卻是一車廂一車廂的「鄉愁」。鐵軌如鐵鞭，不斷地在抽打著詩人潛藏了三十多年在心裏的今昔情愁。如果在沒有槍聲的日子裏，回去看看母親，是多麼幸福的事啊。可是，幸福卻只會在思念中出現。

在這種心境上，詩人更進一步將內心的苦憶，提昇到對整個苦難國家的緬懷：

如果這條線
　是一筆描
動便長江萬里
靜便萬里長城
那些凍結在記憶與冰箱裡的
　　　　　冰山冰水
都流回大山大水
把鐵絲網與彈片全沖掉

這種懷想，以假設形態出現，使事情在可能與不可能中，呈示出對比的張力，其實這條線，又不是一筆描，它劃不出長江，也劃不出長城；凍結在記憶中的冰山冰水，不但未解凍回流故國的大山大川，更無力把詩人遙望中碰眼的鐵絲網與彈片沖掉。因此，詩人就無法在祖國的綠野上，以藍天作大茶壺：

從「黃河入海流」
飲到「孤帆遠影碧空盡」
從「月湧大江流」

飲到「野渡無人舟自橫」
便只好去想望
讓從巴黎倫敦與紐約
　　進來的照相機
都裝滿第一流的山水與文化回去
讓唐朝再回來說
那是開得最久最美的
　　一朵東方

詩人在回不了家之餘，只有在暗嘆：

到不了
只好往心裡望
多望幾眼
怎麼又望回這條線上來
原來是開入邊境的火車
又把一車箱一車箱的鄉愁
　　運回來

這條線長年長月都在把南陲上的「鄉愁」，一車廂一車廂地，向北運走，然後又將原來的「鄉愁」，一車廂一車廂的運回來。

「鄉愁」運回故鄉，可是，無親人消愁。詩人在無奈的痛切感中，只好於詩的結束時，雙眼盯著鐵軌，以超現實的移轉手法寫出：

整條鐵軌
鞭過天空
聲聲廻響
陣陣痛

「總爲浮雲能蔽日，長安不見使人愁」。

李白在遙遠的年代中的感傷，居然會流傳到今天的羅門來感受！

羅門這首詩的輻射層面很廣，它不但反映了無以言宣的人生苦難，也提出了不少叫人沉思的問題。他不像一般詩人在浮面去捕捉表象世界；他是冷靜地潛入內心的深處去抓住問題的死結，探索人生的眞實，顯示出詩確能負載的偉大與威力。

此外，我要特別再說一遍，上面所談的這首詩，只是他的《時空奏鳴曲》（《遙望廣九鐵路》）一詩其中的第三節，如從整首詩去看，則更可看到羅門寫此詩，無論在技巧與題材，內涵與思想上，都有很大的企圖。他幾乎將中國人在戰亂中的愁憶苦思，從田園轉型到都市的生活心境，東方文化與西方文明的沖激，以及對親人、對故土、對國家永不能斷流的綿綿不絕的鄉愁，均溶在詩中，形成爲時空的悲愴奏鳴曲，也有交響樂與大壁畫的架構與氣勢。

這首詩可說是在他過去的戰爭詩《麥堅利堡》、《火車牌手錶的幻影》，以及《板門店38度線》與《TRON的斷腿》等詩做更進一步的擴張與推展。至於藝術技巧更機動與多向性地運用「象徵」、「超現實」、「白描」、「投射」、「新寫實」、與「夢幻」、「回憶」、「幻視」、「想像」等蒙太奇的掃瞄鏡（或重疊鏡）以及「視覺立體空間觀念」，與極力採用具行動化和現場感的語言，來參與整首詩的演出；因此，這首詩就也成爲羅門具大規模形態的巨構型作品。

二、羅門對詩的看法

在詩的國度裏渡過了大半生的羅門，因他有自己的藝術理想與信仰，而且緊抱著這個理想，高舉信仰，堅定地走自己選定的路，以歌聲陪著，朝向自己的方向邁步前往。

羅門對詩的看法十分嚴肅，以嚴肅爲核心，從這個核心而衍演出他的詩「宗教」來；因此，他對詩的看法與主張，就是他的詩宗教的教義了。他對詩人的要求，也近乎宗教家的程度。

以下是他對詩與詩人的看法：

> 我認爲一個眞正偉大的詩人，除了有不凡的才華與智慧，以及對藝術盡責外，也應該是一個具有是非感、良知、良能與人道精神的人；同時能將一切轉化爲永恆與完美的存在；因爲他拿有上帝的通行證與信用卡，上帝有事請假，也要請他代理。

（羅門的《我的詩觀》．一九八一．七．三．臺北《民衆日報》）

〔詩人〕關心人的苦難；〔且〕更廣泛的工作，是在解決人類精神與內心的貧窮，賦給生命與一切事物，以豐富與完美的內容。（同上）

存在永遠是一種莊嚴且痛苦的抉擇，當你選中了詩與藝術，這種專注與全面投入的意念，是不容有偏差的。……所以詩人之與詩……是畢生的一種不容「別戀」的「死戀」——它存在於最孤寂但卻最感人且接近永恆的時刻之中，也接近「宗教」的境界。

（羅門詩集：《曠野》中《心靈的疊景》）

我非常感到驚異，竟有詩人與藝術家在回答別人問他爲何從事詩與藝術時，回答說：不爲什麼，只是爲了興趣……我覺得他們多麼不了解……那些永遠被人類尊重的偉大詩人與藝術家們……所創造的那些深遠永恆與完美的境界，竟是使上帝也羨慕與沉醉的另一個美妙的「天國」。

（羅門在《羅門自選集》中《詩人與藝術家創造了「第三自然」》）

羅門在以上四段說話中，對詩與詩人的看法是十分堅定和嚴肅的。他說的「上帝」、「天國」、「宗教」等，我相信也是以它們的本義來關照的，當然不僅僅是當作一種「比喻」來看。他對詩的「宗教」性的執著與崇仰，你對著他，總會感到有一種灼熱在迫人。因爲他深信有一個「美妙的天國」會「在解決人類精神與內心的貧窮」。

羅門對詩的狂熱，以及緊抱著一種壓迫性的使命感，應該是來自他自己在「自我省思」

過程中尋獲的結果的。在他的論述和詩作中，都明顯地表現出他對自我心靈探求和期許，並從此種探求和期許中，產生一種思想，再由思想產生信仰與力量。所以，羅門說：

我始終強調心靈世界……對於詩與藝術來說，世界上最美好的東西，都必須往心靈的深處放，往心靈的深處拿。……我實在懷疑心靈缺乏廣度與深度的詩人，他能有眞正的遠見與深見。……我所強調的「心靈」，事實上，便是詩人與藝術家觀察與透視生命內涵世界的望遠鏡與**X**光鏡。若有人反對「心靈」，詩豈不變成「通心粉」了嗎？

（見羅門的《曠野》詩集）

「精神」與「內心」世界的萎縮脆弱與蕭條……是基因於詩人與藝術家對內在世界的探險所堅持的執著精神之強度於一開始便缺乏，或於後來在被動與主動的情形下，逐漸轉弱所引起……（因而）使作品失去向內進展的強力，把握不到深遠的生命之源。這種危機，只有當作家的心靈再度執著與醒覺起來，再度接受某些衝激的痛苦與忍受孤寂感；再度向停滯與惰性的心靈挑戰；向生命與一切事物的深層繼續探索；再度將詩與藝術當作一己的宗教；當作一己生存的過程與終局……這樣方可能打破僵局，而向前開拓新境。

（見羅門的《羅門自選集》）

羅門在以上的三段話中，不但說出了他的「心靈」精神，以及「內心」世界對創作的關係，也表白了他對自我心靈探求的重視和期許。

他是從一種嚴肅的自我觀察、自我省思、自我評價中所看到、感到和衡量到「我」的才思，「我」的存在意義的，因此，他這種灼熱而堅定的思想，以及壓迫性的使命感才能產生，才能在自信中再產生一種屬於詩「宗教」的力量。

三、羅門的「現代感」與「第三自然」

羅門在他的《羅門自選集》中，以《代序》樣相出現的長文《詩人與藝術家創造了「第三自然」》，他在文中提出了「第三自然」這個令人著迷的藝術概念。這個藝術概念既新也重要。在這裡我們先來聽聽羅門自己說的話。他說：

這是我廿年來透過詩與藝術，對人類心靈與精神活動進行探索所做的認定，並提出這一具冒險性的觀點：詩人與藝術家創造了存在的『第三自然』。同時，我深信這一觀點，非但可以解決當前詩與藝術所面臨的種種爭論與危機，並可指出詩人與藝術家所永遠站住的位置以及人類心靈活動接近完美的企向。

在羅門的話中，對什麼是「第三自然」？仍在那篇長文中有扼要的說明：

「第一自然」存在的層面與樣相——諸如日月星辰、江河大海、森林曠野、風雨雲霧、花樹鳥獸以及春夏秋冬等交錯成的田園與山水型的大自然景象，它便是人類存在所面對的「第一自然」。

「第二自然」存在的層面與樣相——有電器設備的巨廈內……四季的變化都多麼異

於田園裏所感覺的，再加上人爲的日漸複雜的現實生活環境與社會形態……它便是異於第一自然而屬於人爲的「第二自然」了。

第一與第二自然的存在層面……構成大多數人的現實生存範圍與終點……詩人與藝術家……在創作時，與第一自然或第二自然於對抗衝突的悲劇感中，使「人」超越那痛苦的阻力，而在內心中感知到無限的顫動的生之源，因而獲得到那受阻過後的無限舒展，終於產生一種近乎宗教性的狂熱的追隨、信服與滿足感……進入我所指的那個使一切獲得完美與充分存在的「第三自然」——它便是詩人與藝術家創造的。

「第三自然」是掙脫一切阻撓，獲得其極大的自由與包容性，永爲「完美」而存在，使「時空」形成爲一透明無限的宇宙，「古、今、中、外」納入其中，呈現出一並列相容的呼應性的存在。這樣，作品便可隨時得以內在獨立的本質與富足的內涵，來自由展示與完成。

羅門對「第一自然」與「第二自然」的界定是相當清楚的。至於「第三自然」便是他在那篇長文中一再說的，就詩人將第一與第二自然經由內心轉化與昇華所呈現的更爲豐富與無限的自然，如「悠然見南山」中的「南山」；「獨釣寒江雪」中的「雪」，均是存在于第三自然中的更具意涵與美感的自然景物。所以，羅門曾在那篇長文中宣稱，詩人與藝術家創造人類存在的「第三自然」。「第三自然」說得明白些，就是詩人無限的心象世界。

羅門對「第二自然」（都市文明）所加諸「第一自然」（大自然）以及人類心靈的侵襲，是十分敏感的，而且反應強烈。這不僅是他在思考上的主題，也是他作品表達的主題。他十分強調「詩必須具有『現代感』」，方能確實的進入現代人的內在世界去工作，同時他解釋說：

大多數人類，也越來越多被牽制在這一富於現代意識的新環境中。詩人與藝術家，更是逃避不了這一眞實的心靈活動——它已日漸成爲詩與藝術的是否有現代感的試金石。惟有誠摯且主動地透過這種新的物境與心境所形成的現代感，詩人與藝術家才能把握新的創作性，這也正是我們的責任。（摘自《羅門自選集》及《曠野》詩集）

如果把羅門的「詩觀」比作是他的「詩宗教」，以他的「內省」的，作爲一個詩人的責任感，並以之作爲他的拯救意念，那麼，他的「第三自然」，就是他自己說的：爲了

「於第一與第二自然存在層面得不到滿足的心靈」「創造一個無限地容納美的生命世界」。（見《羅門自選集》六至九頁）

四、羅門的觀察及其方法

在臺北的衆多的詩人中，對宇宙人生的觀察方面，羅門應是極爲專注的一位現代詩人；而且他在詩作中對觀察所得表現得十分深刻。

他從觀察自我的思想、行爲中建立了他的「詩觀」；他觀察自身以外的一切事物的存在與演變，從而釀出了他的「第三自然」和「現代感」（或稱「時代感」）的論點；並在創作

中確實地抓住一切事物存在的實質，以他一種獨特的技巧表現，因而「一舉擊中了它們的要害」（羅門在討論詩的主題和表達方法時，常用的口語），使讀者讀著時，突然感覺到一陣震撼。

羅門在觀察事物時，不但以眼去觀察，更用一顆深入的心靈去直觀。他常說：

所謂「深度」便是心靈深入的內視力與能見度……。至於「廣度」便是詩人能勇於擁抱廣大的生活面。

詩人與藝術家的心須具有卓越銳敏的視聽力，方能聽見與看見一切在深處活動的「美」的實況。……內心對「美」的追蹤……一旦停止，詩與藝術的活動便也宣告停止。

應到上帝遼闊的眼睛中去工作……哪裏都可以去看看。

（以上三段文字，均見羅門的《曠野》詩集的《代序》）

現在從他的作品中底語言來印證他觀察的廣度和深度。

㈠選用羅門自己常常列舉的例句，指出他敏銳的觀察力。如：

「雲帶著海散步　帶著遠方游牧」（在《雲的告白》中句）

「他用燈拴自己的影子在咖啡桌的旁邊」（在《流浪人》中句）

「咖啡把你沖入最疲憊的下午」（在《曠野》中句）

㈡選用羅門的一首短詩《車禍》來印證他在詩作中表現出的一種觀察力的深度與廣度。

《車禍》

他走著　雙手翻找天空
他走著　嘴邊仍吱唔著砲彈的餘音
他走著　斜在身子的外邊
他走著　走進一聲急刹車裏去

他不走了　路反過來走他
他不走了　城裏那尾好看的週末仍在走
他不走了　高架廣告牌
　　　　　將整座天空停在那裏

在上引的詩中，羅門從因車禍而死的人身上，看到大部份人冷漠的存在，一種無結果的追索，這種「無奈」，就是詩人觀察力的深入的結果（第一行詩的意象），看到時代的悲劇（第二行的意象），看到人類遇事時的驚惶與不安（第三行的意象），看到現代都市的慘禍（第四行的意象），看到人類的自我湮滅（第五行的意象），看到大都會中人們的冷漠和享受（第六行意象），看到現代文明的浮囂和弊害（第七及第八行意象）。這種觀察，的確深廣都在了。

五、羅門的表現方法與語言結構

羅門所強調的「現代感」，不只是他的「認識論」，也是他的「方法論」。他對詩的釀造，以及語言的運作，較著重從「現代感」這個理念出發的。以下是他對「現代感」的一連串詮釋與對這個概念的執著：

現代感是人類生存最基本的一種慾求……對改變與調度生活進入新境與佳境，有強大的推進力與刺激作用。

現代感絕無摒棄「過去」與「未來」的意思在……在詩與藝術裏，若失去它，創作的生命便將受困而趨於阻滯與枯萎。

現代感（被）強調於現代詩的創作中，因它首先涉及詩人心靈活動的現場性（即現代詩人生活的處境）；其次是強求傳達媒體（語言與技巧）必須做適應性的調度與配合……否則現代詩會失去高敏度的創造性。

詩與藝術是一種「創造性」的內心作業，而「創造性」是不斷的創新性，創新性正是（植）根在不斷蛻變的現代感之中。

我認爲「現代感」深一層的意義，在一個具有深入內視力的詩人看來，它絕不只是去看一架起重機將一座摩天樓奇蹟般舉到半空裡去；而更是要求人類銳敏的心靈，對下秒鐘的誕生懷著焦急的等待。

我在創作上所強調的現代感絕不是像感覺主義，放棄靈智與內在洞察力，去使作品只成爲對外界物質環境力量做電視般的傳眞；而是要求必須穿越感覺主義接受現代環境力量所形成的純感活動，繼續深入人的靈智，去引動一個探問生命與事物之根源的感知世界，以它新的形態凸現於那串聯著過去現在與未來的時空之連線上。我創作要求作品中容涵的現代感，是因：詩人日漸生活在現代的環境中時，他的精神活動自必揮散著濃厚的現代感。……科學文明既然不斷地扭轉外在世界的面貌……詩人便與自然有了新的矚視與新的感應，而去重新發現與調度一切事物存在、活動的秩序，並獲致那具有現代特殊性的感受，於是，一種異於往昔的藝術形態，便也因此被創造，並且形成了。

羅門除了要求詩具有「現代感」，也主張「表現技巧的多向性」，以及「內涵世界的多向性」。也就是運用多樣性的技巧與方法來表現人存在於現代多向性的生活層面與美感經驗。對語言的運用，他主張「不斷探索詩語言新的性能，與其活動新的空間環境」。惟有如此，方能使創作呈現前衛性與創新性，而有不斷向前「突破」與「創造」的可能。由於羅門持著「多向性」的表現著語言的繁複與駢俳。

㈠出現駢俳語言的詩作如：

出連著山走來　走來你的形體
翅膀疊著翅膀飛去　飛成你的遙遠
想起種星
　種月

種雲
種鳥
種風
種浪（摘自《海》）

門窗緊閉成堅毅的拒絕
簾幕垂放成幽美的孤立（摘自《螺旋形之戀》）

滿滿的陽光
滿滿的月色
滿滿的浪聲
滿滿的帆影（摘自《觀海》）

㈡出現繁複語言的詩作如：

一排燈
排好一排眼睛
一排杯子
排好一排嘴

一排椅子
排好一排肩膀
一排裙子
排好一排腿
一排胸罩
排好一排乳房
一排眼睛
排好一排月色
一排嘴
排好一排泉香
一排肩膀
排好一排斷橋
一排腿
排好一排急流
一排乳房
排好一排浪

夜

便動起來 （詩《咖啡廳》全部）

以上所引述的只是對「多向性」和語言使用的駢、繁等問題，作出一點研考：在詩中，在語言的運用駢俳與繁複（或者繁衍），單語與簡約，兩者之中，作者對詩質的精純，以及詩境的深遠有更好的支助呢？這些問題也許有待思考的地方。但上的例子，對現代詩語言的新造型與立體感，是具有表現的，尤其是在《咖啡廳》中，以純客觀物態，表現特殊的存在空間，特別獲得詩評家〈張漢良〉與〈鄭明娳〉教授的好評。

不管怎樣，羅門在詩的語言運作上，已經做到「新異性」與「突破性」了，而且表現了「多向性」的形貌，這是羅門近年來苦思力耕的一項收穫。

㈢詩語中出現的物質性

在羅門近年間發表的詩論中，經常強調現代都市文明生活中的重要性是因爲現代人從田園生活，全面投入高速發展的物質文明社會存在的眞實處境所產生新的觀物態度與美感經驗。詩人的心感活動，是無法不透過現代的「物」境，然後才進行轉化昇華與再現的，除非我們與現代都市生活保持絕緣；否則，詩人尤其是具前衛感的現代詩人，是會很自然地由「現代感」思維導致他吸入一些現代文明「物質性」的語類放置在詩語之中。

這一現象，我們可摘出一些羅門自己就常常用來說明其詩語的構成底句子來看：

站在清晨的樓頂上

一呼吸

花紅葉綠
天藍山青
一遠看
腳已踩在雲上
一張開雙手
天空與胸便疊在一起
反而較翅膀輕了 （摘自《晨起》）
一張目 層次已疊成組曲
一伸耳 響聲已叫成千帆 （摘自《紐約》）
咖啡把你沖入最疲憊的下午 （摘自《曠野》）
砲聲把他叫成雲 （摘自《一把鑰匙》）
除了那種抱摟，誰能進入火的三圍 （摘自《夏威夷》）
一想到馬厩/連曠野牠都要撕破 （摘自《野馬》）
裁紙刀般 刷的一聲將夜裁成兩半 （摘自《迷你裙》）

以上引用的詩句，當然是具有他所強調的「新異性」、「突破性」和「現代感」的了。如果以純藝術的觀點來看，這些語言顯然是有其創意的。同時在羅門的藝術創作理念中，一切物象都是透明的存在，詩的靈視，可進入且轉昇它成爲能放射詩情與詩思的具有美感的新形體，甚至對生命存在，提出深入的批判。

在現代都市文明的層面上，羅門從事詩的創作，已獲得當代不少詩評家的佳評，說他是一位反映現代都市文化的代表詩人：

羅門是臺灣少數具有靈視的詩人之一：他寫反映現代社會的都市詩，是最具代表性的詩人。——詩評家〈張漢良教授〉語。

如果在今天要找一個最能表現都市文化的詩人，羅門無疑是個中的代表。——時報文化出版公司，在推介羅門的詩集《曠野》時說。

羅門是都市詩國的發言人——詩人兼評論家〈陳煌〉語。

羅門是中國詩壇寫都市詩與戰爭詩的巨擘——文評家〈鄭明娳教授〉語。

其實，羅門除了都市詩與戰爭詩這兩個主題——尤其是戰爭詩中的《麥堅利堡》被第一屆世界詩人大會主席在大會上，宣布爲近代的偉大之作，獲菲總統金牌的這首詩，與《遙望廣九鐵路》、《板門店38度》等，獲得詩壇讚譽的作品，其他詩作，如大自然主題系列詩中的《觀海》、《海邊遊》、《飛在雲上三萬呎高空》、《曠野》等作品，與自我時空，死亡等主題系列詩中的《窗》、《死亡之塔》、《第九日的底流》、《流浪人》、《傘》、《鞋》等詩，都是被詩壇肯定的佳作。其中不少也被譯成外文，在國外大學用作教材，可見他在創作四十餘年來，已建立他個人在詩壇上的特殊風貌與聲望。

六、羅門詩創作的心路歷程及其詩風的演變

如果要追溯羅門第一步踏上詩創作道路的話，那就要回過頭去從他進入空軍飛行官校的當年開始了。

他在官校代表空軍參加一次足球賽，因傷腿而離官校，轉到民航局去工作。在一九五四年間，認識了當時已有詩名的女詩人蓉子，他在她的激勵下開始用心寫起詩來。

羅門第一首詩《加力布露斯》，是一九五四年被〈紀弦〉以紅字發表在他主編的《現代詩》季刊封底的，當時曾引起一些詩人戲笑說：「羅門第一炮就紅了」。

後來，他就連續在〈覃子豪〉主編的《藍星》詩刊上發表了不少長短詩作，而且在臺北詩壇上已漸靈頭角。

一九五五年四月十四日，羅門與蓉子結婚，當日覃子豪特別在臺北《公論報》副刊《藍星詩周刊》刊出覃子豪、鍾鼎文、彭邦楨、李莎、謝菁等的賀詩，並在婚禮上由詩人上官予、紀弦、彭那楨等朗誦，成爲當年文壇上一件盛事。也由此激起了羅門對詩創作熱情的狂烈。

後來，羅門成了〈藍星詩社〉成員之一，也主編過《藍星詩刊》，一九七六年起接任〈藍星詩社〉社長，直至目前。

(一)詩作的第一期

一九五八年之前，羅門的詩作已全收入在該年出版的第一本詩集《曙光》之中。這本集

子裏的作品，可以說是他詩創作的第一期的總收穫。

這個時期的詩，充滿激情與浪漫，並含有不少理想的彩色與知性的感力；對時空，對歲月，對愛情和生命的企望，都流露著無限的熱愛，嚮往著美與感動。明顯地是偏向於浪漫的抒情詩風了。那股浪漫的熱情之火，在《曙光》中的每一首詩裏都燃燒著。如集中他的處女作《加力布爾斯》，對愛情所發出的呼喚，不斷出現著非常浪漫的詩句：

加力布爾斯，你的芳影在那裏，你的聲音就在風中嗎？你的視線是否在陽光裏？如果你回來時，我已雙眼閉上，那時心會永遠死去，黑夜在白晝裏延長，海洋也會久久的沉默，你知道歲月之翼，不能長久帶領我，在生命的冷冬，我會跌倒於無救之中……。

又如：「啊！過去」。他對時間的感觸是帶著哀傷的：

……你！過去，我心底往日的遊地，……在不同向的追路上，昨天是你，明天是我，唯有時間的重量，才能把我推倒後，帶回你的領地，而那時，我是陷在長久無夢的沉睡之中，心是一無所感……。

他在《寂寞之光》一詩中抒洩的戀情：

……在無光的冬夜，我這裏通明溫馨，刻刻等你，我已熟悉你來時踏響我心的樓梯之音，如造訪的馬車的蹄聲，擊亮我深居的幽靜的庭園……。

他在《海鎮之戀》一詩中表達的惦念：

……啊！那海鎮，如南方巨人藍色寬邊帽上的一顆明亮的寶石，我童時的指尖，曾捕捉它的光輝……。

以上所引述這些想像力比較放任，與感性比較衝擊的詩句，都充份地含有一些浪漫色彩的。這些表現就形成了羅門早期詩作的一種特殊風格：

企圖以一種率眞與激盪的心力，去對愛情、理想、希望、過去、現在和未來，進行著一項帶有頌美和感嘆之聲的抒情活動。

羅門在這個時期，雖然也有一些較純淸的意象詩作出現，如：

·他在《小提琴的四根弦》一詩中，對生命歷程有所刻劃：

童時，你的眼睛像蔚藍的天空；長大後，你的眼睛像一座花園；到了中年，你的眼睛像海洋多風浪；晚年來時，你的眼睛成了寂寞的家。

可是，在全面的作品上來看，這個時期的詩思和詩語，仍然是處在「浪漫詩」的階段之中。也許在《加力布爾斯》詩中的：

「你的聲音就在風中嗎？你的視線是否在陽光裏？」等語言，已多少帶有一點點「超現實」的味道，但畢竟仍是少數。直至一九五八年，他的第一本詩集《曙光》出版後，連獲「藍星詩獎」和「中國詩聯獎」，才算結束了他的「浪漫時期」——第一期的作品。

在他獲頒「藍星詩獎」時，〈藍星〉的掌門人，也是詩獎的主持人，有「詩的播種者」之譽的〈覃子豪〉先生，對《曙光》詩集的評價，說得中肯而明澈。他說：

羅門他有其一貫的理想的道路。那就是美的憬憧與理想的追求。他的理想便是一個眞實、美好、崇高的境界。

他的理想，並非詩人的空想。乃是基於心靈生活中的現實。他的詩是願望的表現，是心靈生活眞實的反映，他將這兩者予以力與美的組合，構成他的詩的王國。他一方面讚美他的王國，一方面譴責現實世界的醜惡。

羅門對於詩的觀念雖屬於新理想主義，有浪漫的情感，其作品絕不屬於浪漫的產物。他的感覺、構思、語言及表現技巧都是現代的。

(二)詩作的第二期

羅門的第二本詩集《第九日的底流》於一九六三年在臺北出版後，已明顯地標示著他的詩已進入了第二期——轉型期。

這本詩集中有一首長詩就叫《第九日的底流》。這首據他自己說是從〈貝多芬〉的《第九交響樂》中獲得靈感而寫成的。詩中對生命與時空，發出一股內心的強烈回響。如：

……常常驚異於走廊的拐角，如燈的風貌向夜，你鎭定我的視度；
當綠色自樹頂跌碎，春天是一輛失速的滑車……；
當晚霞的流光，流不回午前的東方，我的眼睛便昏暗在最後的橫木上，聽車音走近，
車音去遠，車音去遠……

這些語言已把《曙光》時期一股外射的浪漫情思收斂，轉化爲一種穩定與冷凝的沉思。自此，他開始走上帶有「抽象」意味與「象徵」的暗示性，甚至含有某些「超現實」感覺等

表現的道路。

雖然他的詩風已在改變，但在另一方面，由於個人的情思隨著歲月而增加了深廣度，語言的提鍊與組合，也較前精純。這種無形的演變，多少也受了當時的現代藝術思潮的啓示，熱衷於透過抽象過程，去作深一層的觸及與表現。

因此，羅門在緊接著《第九日的底流》一詩之後，於一九六一年訪問菲律賓時，又寫了一首表現第二次世界大戰中，七萬美軍死在太平洋的悲慘情景的《麥堅利堡》。這首詩的思想性十分強烈，語言的功能也明顯地加強了。於是，一種偏向於現代藝術表現主義的技巧，就自然地滲入在《麥堅利堡》詩中產生新的表現功能與效果。

如以下引述詩中的一些語言，便是這種表現技巧的實例：

戰爭坐在這哭誰，它的笑聲，曾使七萬個靈魂陷落在比睡眠還深的地帶。

太陽已冷，星月已冷，太平洋的浪，被炮火煮開也冷了。

血已把偉大的紀念沖洗了出來；

你們是不來也不去了……太平洋陰森的海底，是沒有門的……

之後，羅門在《都市之死》這首長詩中，對現代的都市文明，進行了一次透視性的批判。詩中連續運用一些「象徵」與「超現實」的手法，並呈現出一股更強度的「現代感」，以及逼進現代人生存在現代文明的處境中，去進行探索與批判：

紙幣選購歲月的容貌……，在這裏腳步是不載運靈魂的……凡是眼睛都成爲藍空裏

的鷹目……，人們在重疊的底片上，再也認不出自己……，

沉船日，只有床與餐具是唯一飄在海上的浮木……腰下世界，是一光潔的象牙櫃臺，

只有幻滅，能兌換希望……

一隻裸獸，在最空無的原始……一具雕花的棺，裝滿了走動的死亡……

在這一期中，《第九日的底流》、《麥堅利堡》和《都市之死》三首長詩，可以說是羅門的三大支柱；因此，臺北有些詩評家都說，這三首詩幾乎成了他的標誌。

的確，羅門在這一時期的不少詩中，仍舊洋溢著熱情和狂放，但通過了知性的錘鍊，已開始轉入一種沉潛與悲憾的詩思，構成了另一種高度知性的層次，使他在創作生命中完成了一次「躍昇」——擺脫了青年的浪漫期。令讀者感覺著他已成熟爲一個思想家形貌的詩人，用較抒情的感知語言魅力，釀成一個「羅門式的心靈世界」。

從《曙光》到《第九日的底流》這段時間是羅門詩創作過程中，一個最重要的詩思與詩風的轉型期。

㈢詩作的第三期

羅門的詩創作，到了一九六九年他的第三本詩集《死亡之塔》出版後，可視爲他詩創作的第三期。集中不少作品，不論從藝術表現，或精神活動方面來看，都是他第二期創作的延續與擴展。例如集中一首三百多行長詩《死亡之塔》，對生死在心靈深處所作的沉思默想，可說是《第九日的底流》一詩，朝向更廣更深，也更冷凝的具體表現。

又如《螺旋形之戀》一詩，也可作爲《小巴黎狂想曲》等第二期詩作，對於美的心象活動的益爲繁富與更具抽象感的表現。

其他類似一種奏鳴曲，或即興曲的，帶有音樂性和繪畫美的詩，如《上帝的玫瑰園》、《夏威夷》等詩，正是羅門強調知性活動的現代藝術世界中，同時又保持著一點抒情的感性的韻味和色調。當然，這種表現它首先是必須是詩的，而且在美感上，也必須能交出與以往有所不同的新效果。這一點，羅門在這一期的詩作中是有理想的表現的。

又如《紐約》、《夜總會》、《進入周末的眼睛》等詩，都可說是將《都市之死》一詩對當前現代文明所做之抨擊與批判，更推入這代人性靈生活的實際處境之中，使之進一步追認獲得其眞實性與成爲可觸及的存在實體。

再如《流浪人》及《彈片·TRON的斷腿》等詩，雖然仍離不開「意象」、「抽象」和「超現實」的表現手法，可是，詩風已有變化，變爲有著重知性與冷靜思考的傾向。其中尤以《流浪人》，作者企圖使繁複交錯的內在表現，予以簡化，但卻保持詩的深度與濃度，與可見的明度。此詩表面平靜，可是，它在短短的幾行中，卻深深地埋藏人在時空中全面流浪與逃亡的實況。

在這一期的詩作中，羅門的創作觀，仍是他所堅持的兩個基本方向：探取現代新的審美觀與觀物態度；以及詩的實質性與純粹性，必須透過精神與內心活動的深度世界而獲得它感人的驚異性甚至偉大性。

㈣詩作的第四期

一九七五年，羅門的第四本詩集《隱形的椅子》出版了。這個集子中的詩作可說是他創作的第四期。這一期，他一方面依然強調「現代感」與「現代精神意識」，繼續對都市文明生活，進行探索與批判。詩集中的《周末事件》、《迷你裙》等詩，全是以知性的投射與影射手法，把握情思與事件活動的焦點予以表現，和《曙光》時期的浪漫抒情的詩風；以及《第九日的底流》、《死亡之塔》兩個時期對繁富意象大事經營的詩風；也有差別；而另一方面是站在現代新的自然觀，以物我相觀照與情景相交映所寫的一系列自然詩，計有《山》、《河》、《孤煙》等。這些詩在題材上，表現上，都明顯地有它的特異性。此外，《隱形的椅子》是採取「多面組合」，或「對比」形式，尤其是《窗》與《鞋》兩短詩，他企圖從以往的《流浪人》與《彈片·TRON的斷腿》中，作進一步的提昇，並採取中國傳統詩頓悟的「緣發性」，轉化成現代詩新的「超現實」表現，以期達到短詩的精純效果。

㈤詩作的第五期

《曠野》，是羅門在一九八〇年出版的詩集，是他第五本詩集了。這本集子可以說是他從事詩創作的第五期的總收穫。

這一期是他創作上轉型和演變幅度較大的時期。在內容上，出現了《遙望故鄉》、《車禍》和《茶意》等過去少見的懷鄉作品。至於與「戰爭」主題有關的，如《板門店38度線》，以及《火車牌手錶的幻影》兩首長詩，都和《麥堅利堡》的表現手法不同，而是採取「蒙太奇」式的寫實與超現實的廣角掃描鏡作大幅度的探索和批判的展現。

至於與大自然有關的詩作，如《曠野》、《觀海》與《樹鳥二重唱》等三首長詩，以及《車上》、《雲》和《悠然見南山》等短詩，都是從《隱形的椅子》集中的《河》、《海》等自然詩大幅度延伸過來的。其中有些詩較過去的更飄逸和自如，也有些詩較以往的更具氣度與壯濶感，這是羅門詩作的可喜現象。

對於與都市主題有關的詩，則特別著重緣自都市行動化與臨場感受的生活空間，所引發的「現代感」。如《咖啡情》、《都市的旋律》，以及偏於都市性慾表現的《露背裝》、《瘦美人》等詩，都是他以往像《都市之死》等詩，把鏡頭更貼近都市生活空間所演變過來的。其中《都市的弦律》是著重在都市生活的節奏與律動感，從都市的動面與現象，直接捕捉都市的實體，以實驗性的敲打樂形式予以表現。此詩部份曾由音樂家李泰祥配成樂曲，做電影的插曲；《咖啡廳》一詩，則是運用新寫實與超寫實技巧，以純客觀（不滲主觀因素）與純物態實體空間，直接說出咖啡廳特殊存在的形態、氣氛與環境。此詩曾被詩評家（張漢良）以新批評觀點作專題討論，並列入《現代詩導讀》專集。

在這一期的詩作中明顯地可看出羅門的長詩，是向前做大幅度地推展；至於短詩向內在焦點凝聚的動向，已更趨於自制與穩定。再就是自然詩和都市詩的雙軌並行發展，也是各自有其拓展趨勢，而且兩者相互地呈現的「第一自然」（原本自然）與「第二自然」（人爲的都市），也有進入他「詩觀」中的「第三自然」的「通化世界」之可能。

㈥詩作的第六期

《日月的行蹤》是羅門的第六本詩集，一九八四年在臺北出版。加上後來出版的第七本詩集《時空奏鳴曲》，可以說是他詩創作的第六期。

在這一期中，他基本上依然是將創作的精神內涵世界，多方面地放在人類存在的幾個重大的生命主題——「戰爭」、「性」、「都市文明」、「大自然」與「自我」等的探索上；仍是長、短詩並重；仍然是機動地運用「比喻」、「象徵」、「超現實」，以及「投射」、「電影掃描」，視覺藝術的空間組合等手法。他除了要求自己的詩作具有「精確性」之外，而在整個創作面與形態看來，是更趨向於「現代感」與「前衛性」的，而且與現實生存更加接近。明顯地見到他的語言比以往更明確，更單純，而又多用白描和直敘手法，在平易中呈現思想與情境的深度。這些現象均可在他的《日月的行蹤》詩集中的《傘》、《提〇〇七的年輕人》、《寂》、《賣花盆的老人》等詩，以及《時空奏鳴曲》詩集中的《遙望廣九鐵路》、《漂水花》、《飛在三萬呎高空上》等詩，獲得印證，同時並大量吸取了傳統詩語言的「律動感」與「緣發性」的意境，進一步追求現代詩與傳統詩在交溶中，呈現出一種與詩質有關聯作用的全新詩貌。

羅門這種追求，正是他在目前創作歷程中，以偏於「第二自然」的西方文明，與東方人靜觀中的「第一自然」來一次整合，使兩者摒棄排斥，達成詩人內心具世界觀的「第三自然」中，一種溶和並進入流動著美感與靈動的「通化世界」。

羅門所企望的詩底「天國」，會在什麼時候出現？這就要看他明天再發足上路之後，在把「第一自然」與「第二自然」溶合過程中所付出的心力與靈視了。

七、結論

從羅門走過的三十多年詩路歷程中，我們已可檢視出他在六個站頭上——自一九五七至一九八七，他的詩風，可劃分爲六個時期，所印下的足式：

他一路上這條莊嚴而遙遠的大道時，就自覺地認定自己對詩、對生命，甚至對人類都負有一項與生俱來的嚴肅使命；這些全可在他的歌聲——詩中聽到和感到。正因爲他不是一位只「爲藝術而藝術」的詩人，更不是一位「爲玩世而寫詩」的藝人；因此，他在凝集於心中的強烈底「現代感」鼓動下，產生了他的前衛意識、冷靜觀察和創造精神，構成了他三十多年來在詩國中執著而突出的表現——歌頌「第一自然」，批判「第二自然」，嚮往「第三自然」。

環顧中國現代前輩詩人中，三十多年不間斷地執著於詩國的播種者，「羅門確是一位極重要的名詩人」。

在中國現代文學史上，〈羅門〉和他的夫人〈蓉子〉，一直被國內外詩壇譽爲中國的〈勃郎寧〉夫婦，可見他倆經過三十多年來的努力，已深受重視，並獲得高的聲譽。

（一九八八年二月第二次稿於「港大」）

作者：資深詩人作家、評論家。

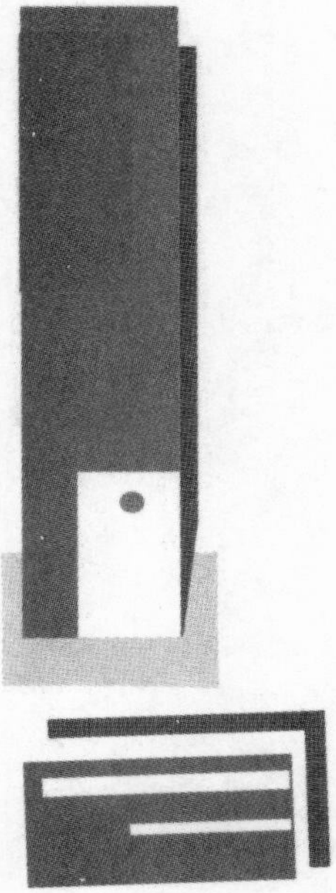

「第三自然」是世界上所有詩人與藝術家創作生命永遠的家.

如果人類只活在原本「第一自然」與人為「第二自然」等兩個外在現實世界中，去指認與說明所面對的一切而沒有進一步將之向內轉化與昇華進入超越外在現實的內心「第三自然」無限世界，去呈現一個更富足與新穎的美的存在，則所有的詩人與藝術家都將因此失業與無事可做了。　（羅門）

詩人評介

——羅門的「理想主義」及其「曙光」

覃子豪

羅門的氣質和吳望堯的甚爲相近。他的詩不是黃用的反觀內省；不是瘂弦的趣味的捕捉；也不是吳望堯的無軌的行駛；他有其一貫的理想的道路。那就是美的憬憧與理想的追求。他的理想便是一個眞實、美好、崇高的境界。看他在「曙光」詩集中的自白罷；他說：「人類，你願同一個眞實、美好、且崇高的心靈活在一起，還是同那些不切實際的意識構成的虛名，或是願同那些確是死了的，但仍眩耀在人們眼中的服飾與珠寶活在一起呢？從這些選擇的態度上就可斷定其人生價值的高低了。」從這裡可以得羅門理想的由來。「Cobe我心靈中不滅的太陽」，「加力布露斯」，「曙光」，「詩的威尼斯」，便是這理想的讚美。他的理想，並非詩人的空想。乃是基於心靈生活中的現實。他詩是願望的表現，是心靈生活眞實的反映，他將這兩者予以力與美的組合，構成他的詩的王國。他一方面讚美他的王國，一方面譴責現實世界的醜惡。因而，他寫了「賭場」，「欠債者」，「謊言的世界」等詩，他在這些詩裡揭發近代文明的罪惡。現實世界不能覓得他理想的所在，他認爲理想的所在乃有在愛情之中因此他寫了「曙光」一詩：

我如無邪的孩童闖入妳開滿百合的早晨花園。

止步在妳刺綉著花紋的象牙窗前，窗裏聖燭的銀輝明澈，

無邊的慾念突化爲純眞的愛情。

這首詩是純眞的流露，有一種宗教式的虔誠。又如「蜜月旅行日月潭」

愛人的小嘴是粉紅色的小郵票，

我的心是密封著的快樂的情書。

這兩行詩，自有其趣味，手法仍嫌直接。他的詩唯一的特點是善用比喻。如「智慧的短曲」：

大地如一囚犯，

被禁在冬的潮濕的牢裏，

當春的獄長搖響著太陽的金鑰匙，它便被放出獄，在綠色的旋律中重跳起華爾滋舞來了！

冬天和春天的兩個比喻，確切生動。「搖響著太陽的金鑰匙」，形象鮮明，這手法是聯想和比喻的成功。羅門的詩，具體、眞實。

羅門對於詩的觀念雖屬於新理想主義，有浪漫的情感，其作品絕不屬於浪漫的產物，他的感覺、構思、語言及表現技巧都是現代的。除了幾首較長的詩缺少冷靜的觀照，許多的短詩，卻深刻而有餘味。如「低壓線」，「眼睛」，「三座城」等。浪漫的情感，不足爲病，就是要看如何處理，艾略特和龐特（Ezro Pounz）便有浪漫情感，艾略特寫過不少的情詩，

這些詩頗爲青年人所愛好，而龐特其鮮明的表現和浪漫的情感正是他作品的特色。羅門的詩，有其獨特的風格，形成羅門的風格的，不是傳統拔巧，甚至可以說在他作品中不易找出傳統中的那種陳腔濫調，他運用的語言新鮮而略帶生硬，有如即將成熟而又未完全成熟的果子的味道。他把握著了詩質，如在表現技巧上予以更多的變化，他的詩有極光輝的前途。

民國四十八年（一九五九年）三月幼獅文藝

作者：前輩詩人、作家、詩評家

羅門蓉子詩比較

張　健

羅門、蓉子夫婦，爲馳譽國際的中國詩人，本文僅以簡約的方式論述二人詩作的異同。

他們至少有三同：

一、同具博大的入道情懷，流露一種大我之愛，且關懷人類的命運。

二、是現代詩人而兼具若干浪漫情懷，兩人之爲現代詩人，是有目共睹、無可爭論的事實，但他們卻仍保有浪漫主義的某些情懷，譬如對英雄的崇拜、熱情的洋溢，乃至水仙花式的自戀。

三、善用譬喻，喜用比喻：羅門的比喻多采多姿（詳見拙作「論羅門詩的二大特色」），蓉子亦常用比喻。

相對地，他們的詩至少有十異：

一、羅門主要是一位陽剛的詩人，氣勢磅礡，元氣淋漓。雖偶作抒情小品，亦每嫌婉約之致不足，蓉子則爲一婉約風的詩人，但亦有不少柔中見剛、婉中出豪的作品，一如宋代之李清照。

二、羅門的作品以長詩及組詩「第九日的底流」、「都市之死」等爲重鎭，小詩、短詩，實非所長。蓉子雖亦不乏長詩（如「七月的南方」、「彩色世界」等，但是她所擅長的是十多行到二十多行的短詩或中度詩，這樣的篇幅正宜於她的抒情格調。

三、羅門具有相當強烈的前衛色彩，可說是藍星詩社最「前衛」的詩人，蓉子則反是。

四、羅門詩具有豐富的思想性，（詳見拙作「論羅門詩的二大特色」），蓉子詩中當然亦有思想，但相對的較爲單純。

五、羅門詩中時有詭異譎變之作，蓉子則極少此類作品。這與前衛精神自然有關。

六、蓉子是一位虔誠的基督徒，詩中時或流露有關的宗教訊息或虔敬情思，羅門則沒有正式的宗教信仰。但羅門有另一種宗教；即對詩和藝術的狂熱信仰及愛慕，始終如一，生死以之，其虔誠恐更勝於一般信徒之於宗教。

七、羅門時有大開大闔之筆，蓉子則往往採用細水長流的表現手法。

八、羅門詩中富有批判性，蓉子則以「擁抱」世界爲主，批判之作雖間或有之，卻不是她生命的主流。

九、羅門的作品常有「無我」的傾向，至少隱藏了小我、（早期作品例外），頗合艾略特之詩觀，蓉子則以「有我」爲主，且常採第一人稱寫法，有時表面上用「你」、「她」，其實仍是意指自己。

十、羅門不時展現多元追求的傾向，可說是「藝術上的多妻主義者」，蓉子反是。羅門對各種其他文類、繪畫、雕塑、音樂、建築、舞蹈等，均有所傾心，且隱然有熔之一爐的野心。

十一、蓉子所受的影響以中國古典傳統及現代中國文化爲主，羅門則以西方的影響爲更顯著，不過近年來他已漸有轉變的現象，即中西兼包，日趨中庸之道。

（一九九三年八月十七日中國特區時報）

作者：詩人作家、評論家，任教臺灣大學

健步的語言意象

林亨泰

起步於五十年代，蹣跚渡過荒涼而危疑的六十、七十年代，而至今仍然堅挺地生存下來而在八十年代詩壇的現在健步如飛，並且堅靭地文學生命中，悍然地展現文學風格的一群詩人，羅門是其中的一位。

使羅門作品風格獨樹一幟的是「語言的意象」，而非「意象的語言」。就以這次得獎詩集中的代表作「時空奏鳴曲」作爲例子：這首詩首段的開頭：「整個世界／停止呼吸／在起跑線上／車還沒有來／眼睛已先跑／跳過第一第二座山／到了第三座／懸空下不來／往前茫茫雲天／回頭　九龍已坐車／竄入邊境／將我望回臺北市泰順街的窗口」中，不管眼睛怎樣「跑」、「跳」乃至「懸空」，或者如何「往前」甚至「回頭」，這些意象都被收斂在一幅靜的構圖中。然後在第二段與第三段的詩中，就不得不以講故事的方式來承接，他便藉著「那個賣花盆的老人」來述說，憑著這位老人的記憶，把臺灣的生活和大陸的經驗，兩岸很特別的時空糅合在一起。在這樣糅合的過程中，不管「一輛日本進口的野狼牌機車」怎樣「以武士刀尖銳的速度／從和平東路直刺入／和平西路」（以上引用第二段），或者大陸家鄉的「母親」怎樣地「握縫衣針」，不但使「斷落在風箏裏的童年」，或者來「縫好土地的傷口」（以上引用第三段），這些意象仍然收斂在同一幅靜的構圖的框框中。因此，他不得不在這首詩的結尾，換句話說，等到這位老人的故事結束之後，還是又得回到原來的位置——亦即「起跑線上」，整個的詩仍然需要被套在靜的構圖的框框裏面。就整體來看，詩中的意象，只能「穿過記憶」，只能隨著老人故事的語言發展而出現，換句話說，作者的言說意圖早有定案，至於意象的展現完全是看語言的需要而定。

羅門的詩最拿手的是藉著發語的姿態與速度，讓意象逐漸地展現，它只是似乎意味著什麼，但並沒有所指涉的對象，在他的詩中，意象是可以隨著語言的脈絡而改變的，不斷地意象在語意中出現，然後又回到語意中去。中國的文字是表意的文字，羅門的詩，恰能掌握到中國文字的特性而藉著表意文字之便，來展現他的意象。爲了要提高詩的效果，當然是可以用語言的誇示、排比、重想、換位等技法，羅門對於這些技法的運用是非常純熟，可以說達到登峰造極而形成他作品的特色。

民國七十七年（一九八八年）十月十一日中國時報人間副刊

作者：詩人、作家、詩論家，在大學任教

詩人與詩風

蕭蕭

在臺灣，眞正的詩人恐怕只有一個，那就是羅門。

爲什麼說羅門才是眞正的詩人呢？

有三個原因：第一，近數年來，羅門退休後，除了寫詩與詩評，不事任何行業，生活優遊，其他詩人都是業餘寫作。第二，羅門心中只信仰詩，與詩有關的活動，他才樂於討論，參與。第三，羅門眞能從詩中得到快樂，他不牽掛任何事，全心投入詩的享受中，那樣著迷，無人可及。

跟羅門交往過的人都知道，一談起詩，羅門永不疲倦，朋友戲稱他爲「羅蓋」，說他是「心靈大學校長」，他認爲人類的心靈需要詩，他「蓋」的也是詩，這些戲稱都只說明羅門對詩的那份「狂熱」，羅門眞是徹頭徹尾的詩人。

如果說洛夫常常惹起戰火，那麼，羅門則是隨時迎戰的人，事無鉅細，只要有人批評了羅門，羅門一定會有長文答辯，而且，不做人身攻擊，不扣帽子，永遠繞著詩與心靈打轉，維持詩人的可愛，羅門的詩如果經由他自己逐字逐句的口頭說明，會發現詩的含蘊更豐富，我就聽過幾次他解釋自己的詩——不是每個詩人都能解釋自己的詩——這時候的詩人是主觀而又客觀，自問，自答，本來是心理的爭戰，卻又變成另一度的審視，就旁觀的讀者而言，彷彿經歷一次創作之旅，十分有意思。

民國七十一年（一九八二）六月廿四日臺灣日報副刊

作者：詩人作家、評論家，在大專任教

羅門的「窗」

——讀詩札記之卅二

辛　鬱

猛力一推　雙手如流
總是千山萬水
總是回不來的眼睛

遙望裏
你被望成千翼之鳥
棄天空而去　你已不在翅膀上
聆聽裏
你被聽成千孔之笛
音道深如望向往昔的凝目

猛力一推　竟被反鎖在走不出去

的透明裏

羅門，本名韓仁存，廣東文昌縣人，民國十七年生。曾經是足球健將的他，在十二歲時，進空軍幼校，畢業後復入空軍飛行官校，民國四十年退伍，考進民航局工作迄今。

在詩的歷程中，羅門是一位風格獨特，並對詩的創作，推廣極爲認眞與誠摯的詩人。自從他的第一首作品「加力布露斯」在「現代詩」發表以來，他在我國詩壇一直佔有極重要的位置。民國四十四年，與女詩人蓉子結婚，從此夫唱婦隨，創作豐富而精緻，被譽爲中國白朗寧夫婦。

二十餘年來，羅門把自己奉獻給詩，他對詩的熱誠很少人能與之相比，在另一方面，他也對與詩相關的藝術，如現代繪畫與現代音樂，下過一番鑽研工夫，而具有獨特的鑑賞能力。

他已出版的集子計有「羅門自選集」「曙光」「第九日的底流」「日月集」（英文版）「死亡之塔」「隱形的椅子」（以上均爲詩集），「現代人的悲劇精神與現代詩人」「心靈訪問記」「長期受審判的人」（以上均爲論文集）。

此外，羅門由於創作上的成就，曾先後獲得國際桂冠詩人榮銜，菲律賓總統馬可仕金牌獎，作品並被選入英譯「中國現代詩選」（葉維廉博士編譯）及「中國新詩選」（榮之穎博士譯），韓文版「中國現代詩選」（許世旭博士譯）及「二十世紀世界詩選」（李昌培博士譯）等。在國內，羅門係經常被邀擔任各大專學院文學（主講現代詩）講座外，並先後被聘擔任詩宗社詩獎評審委員、中國現代詩獎評審委員。更被選爲代表，出席世界詩人第一至三屆代表大會。

羅門的詩特具一種浪漫氣息，意象繁富瑰麗，並在對事物的觀點方面，有其獨特的方法，而使作品展現多層次的風貌。他的詩的認知，一方面從不斷創作的經驗中得來，一方面則在不斷的思索追尋。對於詩，他的觀念是十分深入而執著的，他說：

「我認爲詩是上帝賦予人存在的一種最卓越的工具，使我們能進入一切之內，去擁抱無限，所以我在『大自然組曲』那首詩中寫『海』，不是複寫外在的有限的海，而是寫向內轉化過後的無限地延展的海——它是自然界之海？慾望之海？心靈之海？生命之海？都不可限制得像遼闊的聯想。

所以詩絕非是第一層次現實之複現，而是以聯想去聯繫一個屬於內在的無限地交感與展現的世界（它是重造的第二層次的現實），使一切獲得新的富足與內涵，而存在與活動於更爲龐大渾然與永恆不朽的生命結構與形態之中，所以詩人視爲是創造與開發『生命』的另一個神。」

羅門的詩觀，不是一般性與常識性的，它需要深入的感知，因此，一般讀者也許不能夠接受，但是，只要對詩付出眞誠的關愛，你就會理解羅門詩觀所揭示的意義。

「窗」這首詩，是羅門的重要作品，也是印證他的詩觀的代表性作品。我們初讀此詩，關於常識與觀念，也許極難體會詩中所表現的是什麼。假如我們能對上述羅門的詩觀加以領會，就不難對「窗」這首詩，作深入的體察。「窗」詩中羅門的主要表現，在於自然的聲色，透過聯想而產生第二層次的現實質感，因此，這窗也可以說是羅門的眼睛——一種靈視。透過「靈視」，那第一層次（第一義）的自然界，被美化起來，而成爲具有無限與永恆意義的『生命』，而這，也就是詩的創造的意義。

民國六十五年（一九七六）十二月六日青年戰士報

作者：詩人、從事詩與藝術評論

讀詩筆記

陳寧貴

一、羅門的「假期」

詩人覃子豪在世時，曾將羅門與蓉子比做「中國的勃朗寧夫婦」，他們於民國四十四年四月四日結婚，據說轟動當時詩壇，迄今仍爲人津津樂道。這首「假期」即是羅門與蓉子一同到南部旅遊所寫。

被風捏住的那輛特快車
　　　　刀般
將大地剖成一只水蜜桃
淌甜美的汁在風景裡
開麥拉的彩色軟片
是一條被陽光引向南方的花園路
眼睛走深了
雲朵與楓林也望成昔日的白紗與紅氈

來啦

數百哩長的那條錄音帶
繞著車輪轉　繞著旋轉的風景轉
海天的藍色的語言
山林的綠色的廻音
還有妻子的笑　將整張臉
　笑成豐年裡的田園
在車窗外說出了旅行的樣子
還有鳥與遠方

（秋水一九八七年五四期）

本詩描情寫景，兩者交溶相生，將旅途的快樂與景色，描寫得生動而甜美。特快車比喻爲「刀」，將大地比喻爲「水蜜桃」，又將鐵軌比喻爲「錄音帶」，可見羅門設想之精妙，意象經一轉換，新境源源而出，在本詩的引導下，讀者悄悄地進入詩人的心靈世界，感受到難以爲外人道的怡悅。

二、「眼裡的人生」

距今三十餘年前的民國四十三年，羅門寫下了「小提琴的四根弦」這首詩：

童時，你的眼睛似蔚藍的天空，
長大後，你的眼睛如一座花園，
到了中年，你的眼睛似海洋多風浪，
晚年來時，你的眼睛成了憂愁的家，
沉寂如深夜落幕後的劇場。

羅門以眼眼的變化描繪人生是頗具創意的，本詩雖簡短但是意味深長耐人思想。羅門對眼睛的描寫，除了這首短詩外，也有不少絕妙的詩句，如「雲開在天邊／雙目開在遙望裡」；「張開的眼睛是風景／閉上的眼睛是往事」；人的眼睛裡眞是充滿了故事——不管是回眸一笑百媚生」或是「欲得周郎顧，時時誤拂絃」，令人不得不驚訝眼睛的奧妙。或許我們可以在芸芸衆生的眼眸中，讀到更多更精彩的詩，體悟出乍涼還暖的人生境界。

（秋水一九八九年元月號）

作者：詩人、作家、從事詩評論

「人格」「詩格」交相輝映

謝　馨

這是詩人羅門第四次來到菲律賓。

但這一次，他不是來講學，不是來開會，也不是來旅遊、度假，而是來拍電視影片。

詩人竟充當起明星來了，多麼有趣。

原來這是臺北寶象文化公司的一項新穎製作。負責人陳桂珠小姐告訴我：他們計劃拍攝一系列當今最受尊崇、最受喜愛的詩人影集。介紹詩人的作品、日常生活、言行風姿，讓大家能透過螢光屏，更生動親切地感受到詩人的氣質、神韻和品味。換句話說，就是要把一位詩人的「詩格」與「人格」，同時展現給讀者和觀衆。

所謂「學字不如學句、學句不如學意、學意不如學人。」人和詩是同樣，甚且更重要的啊！

我們都想要一睹屈原的眞實面貌，看一看，聽一聽李白、杜甫的風采和聲音，或是欣賞一下李清照的一顰一笑……但這些都是不可能的事了。所幸，由於攝影技術的進步與發達，我們可以把現代詩人的影像和風姿拍攝記錄下來，讓大家觀賞並留傳給後世。

詩人影集放映的長度約二十三分鐘，拍成後，將送交臺灣各大公共電視台再安排於臺北三家主要電視台播出

在詩人影集的系列中，羅門——這位詩藝高超、詩論精湛，當今中國詩壇的佼佼者，是受到寶象公司邀請製作的第一位詩人。陳女士說：接下去洽談的兩位詩人是周夢蝶和鄭愁予。

羅門影集內當然包括了他多首著名的詩作，像窗、春天的浮雕、及麥堅利堡。在臺北，他們已拍攝了許多珍貴的鏡頭：像羅門和夫人蓉子甜蜜的家居生活。他們充滿藝術氣氛與獨特創思的「燈屋」。羅門的工作情形——寫詩、讀詩、……以及許多他其他諸如踢足球、逛街、散步等的活動。

在馬尼拉，這部影集主要拍攝的部份就是麥堅利堡。寶象公司，這次一共動員了四位精英，除了負責人陳桂珠小姐外，尚有導演徐忠華，攝影師傅國樑，策畫蘇國興。

終年陽光普照的馬尼拉，這幾天由於颱風過境，風風雨雨。但寶象的工作人員，並沒有因天氣而改變計劃，照常辛勤努力，工作不輟。務必要將一首不朽的詩篇和一位偉大的詩人同時用開末拉捕入菲林，讓「詩格」與「人格」交相輝映！

（一九九〇年八月二十九日萬象詩刊。）

作者：菲華著名詩人作家

讀羅門詩——「窗」

謝馨

猛力一推 雙手如流
　總是千山萬水
　總是回不來的眼睛

遙望裏
你被望成千翼之鳥
棄天空而去 你已不在翅膀上
聆聽裏
你被聽成千孔之笛
音道深如望向往昔的凝目

猛力一推 竟被反鎖在走不出去
　　　　　　的透明裏

這是一首看似簡單卻含義深遠的詩。

我說它簡單，是它的用語平實、形態淺顯，毫不晦澀、矇矓、矯揉造作或刻意舖陳。短短十一行，意象精準，結構嚴密，將一個龐大的哲思明確、完整的表現了出來。全然應了所謂沒有技巧的技巧才是最高的技巧的說法。

第一句「猛力一推」。那一定是一扇關閉了很久的窗，一扇很難打開，甚至給幾乎釘死了的窗。開窗的人，一定是迫不及待的。一定是像得了禁閉症（claustrophobia）那樣充滿壓抑、鬱悶的人。

窗，打開了！人的視野像水庫的水嘩然流了出來。眼睛貪婪地觀望千山萬水，耳朵聽取天籟之音。現在，他可以見到最遼闊的空間和最深邃的時間，他應該覺得舒暢、自由、愉快。然而，他的感覺卻是：猛力一推／他竟被反鎖在／走不出去的透明裏。

這首詩令人震撼的關鍵在它的結尾，而且「透明」這兩個字可以說是用「神」了。因爲「透明」給人一種不設防、不懷疑的感覺。「透明」給人一種抓不住、摸不著、滑溜的感覺。「透明」給人一種坦率、可信可靠的感覺。同時「透明」原是形容詞，現在當名詞來用，對象就更擴大，更莫明所以了。因此當你發覺的時候，已經到了不能控制的階段；同時，當你不知道包圍你的敵人是誰、不知道恐懼的對象是什麼，那才是眞正的恐懼。而「透明」這兩個字的質感，又讓人連想到「玻璃大廈」、「玻璃迷宮」、「試管嬰兒」、「空空管」等無情、隔絕、冰冷的意象。加上詩中前數行伏筆的暗示，我們知道這種「反鎖」是無邊無際，非同小可的。詩一開始「猛力一推，雙手如流」，更影射這是自己親手造成的悲劇、「作繭自縛」的痛苦和無奈。

用這首詩來象徵現代人的苦悶是最恰當不過了——文明的進展、科技的發達、物質的充裕……人應該感到自由幸福和快樂才對啊！然而接著導致的問題：是生態滅絕、環境污染、能源危機、核子武器……造成了人類更大的憂慮與慌恐。人，如何突破重圍，掙脫那「反鎖」的「透明」呢？

（一九九三年三月三十一日菲聯合日報）

作者：菲華著名詩人作家

麥堅利堡與羅門

和　權

詩人羅門於本年八月十八日來菲拍攝寶象文化實業有限公司製作的「詩人影集」（按他是該公司邀請拍攝影集的第一位詩人）。羅門與四人工作小組，在馬尼拉「麥堅利堡」的淒風苦雨中，拍攝了預定記錄的鏡頭，於廿二日返臺。

寶象公司，何以花那麼多的人力財力，專程來岷拍攝詩人影集呢？在這功利社會，怎值得勞師動眾來為一位詩人拍攝影集呢？這豈不令人深覺得奇怪？也許，吾人捧讀了羅門表現傑出的「麥堅利堡」後，就不會奇怪寶象公司由臺北派工作小組，特來馬尼拉拍「詩人影集」了。

「麥堅利堡」，不僅是羅門氣魄宏偉的作品，也是建立他國際詩壇之地位的巨構型作品。詩人、詩評家或著名文藝評論家，諸如鄭明如、虞君質、張健、王潤華、敻虹、苦苓、菩提、張堃等人，讀過「麥」詩後，都寫下了他們內心的激動及讚美的言詞。此外，美國女詩人仙蒂・希兒（Hyacin The Hill）、美國詩人高肯教授（W.M. Cohen）、美國詩人李萊・墨梵博士（Lerry Hafea）、美國詩人維廉・巴特博士（William Bard），以及多位其他國家的著名詩人、學者，也曾由衷地讚嘆過「麥」詩。甚至有人在開會典禮上曾當著數百位來自美國、蘇聯等五十多個國家代表，讚說：「羅門的『麥堅利堡』詩，是近代的偉大作品，已榮獲菲總統金牌詩獎。」

「麥堅利堡」，是詩人羅門以赤子之誠，以悲壯、悲憫的聲調，禮讚第二次世界大戰期間，數萬美軍爲自由與正義而在太平洋地區犧牲的忠骸。

詩人羅門認爲「戰爭是人類生命與文化數千年來所面對的一個含有偉大悲劇性的主題」。「麥」詩，便是詩人面對刻著死者之名字的數萬座大理石十字架，產生空前強烈的悲劇性感受，而一一的注入詩行中的鉅作，以下抄錄部份「麥」詩的佳句：

戰爭坐在此哭誰
它的笑聲　曾使七萬個靈魂陷落在
比睡眠還深的地帶
太陽已冷　星月已冷
太平洋的浪被炮火煮開也都冷了
史密斯　威廉斯
煙花節光榮伸不出手來接你們回家
你們的名字運回故鄉

比入冬的海水還冷
死神將聖品擠滿在嘶喊的大理石上
給昇滿的星條旗看　給不朽看　給雲看

你們的盲眼不分季節地睡著
睡醒了一個死不透的世界
睡熟了麥堅利堡綠得格外憂鬱的草場

「麥」詩，洞燭了人類精神，也揭開了人類「偉大」與「神聖」的外衣，讓人看清赤裸裸的「死亡」之眞貌。品讀過此詩的廣大讀者，何人不遭受詩中巨大無比的力量所撞擊而無法自己？又有誰人，不在品讀「麥」詩之過程中，產生美感，同時獲得啓示？

女詩人謝馨說：「由於攝影技術的進步與發達，我們可以把現代詩人的影像和風姿拍攝記錄下來，讓大家觀賞並留傳給後世。」誠然，詩人的聲貌將會永遠地留了下來。這是詩人的欣慰，也是詩讀者的福氣。

寶象公司負責人，有感於「麥」詩的宏偉，有感於造就一位眞正詩人的不易，也有感於詩人羅門，是當代少數能以作品的實力來證實一個詩人存在的實力的「中國詩人」之一，故這次不惜花人力財力，派工作小組專程來岷拍攝「詩人影集」，其意義豈是金錢所能衡量的！

馬尼拉市郊埋葬著數萬個悲慘故事的麥堅利堡（Fort Mckinly），也將因羅門的鉅作及寶象的影集而更加聞名於世界，直到永遠了。

（發表於一九九〇年九月廿五日菲律賓聯合日報副刊）

作者：萬象詩刊主編，菲華著名詩人作家

大潑墨大寫意

——詩人羅門的「馬中馬」

李少儒

奔著山水來
衝著山水去
除了天地線
牠從未見過韁繩
除了雲與鳥坐過的山
牠從未見過馬鞍
除了天空銜住的虹　大地啣住的河
牠從未見過馬勒口
除了荒漠中的烟
牠從未見過馬鞭
一想到馬厩

連曠野牠都要撕破
一想到遼濶
牠四條腿都是翅膀
山與水一起飛
蹄落處花滿地
蹄揚起星滿天

詩人羅門的「馬中馬」，是一首最富中國古典詩詞的創作；有落句的一種豪邁磅礴的氣勢，有中國詩詞中對空間感與時間感交錯的意象綜合藝術。像繪畫中有平面視覺，有立體觸覺、運動感覺，有空間與時間的視覺聽覺的變奏，同時在詩行中隨處可找到古詩五言絕句的一種排律的特色。

「馬中馬」在詩人的註解中是：「這馬非眞馬，是從自然與宇宙永恆的生命之境跑出來的，只在老莊、陶淵明與尼采等人，站在心靈的視野中見過……。」

這裡詩人顯然是指這「馬」是詩人意象中的馬，然而，在此時此地，它象徵什麼？代表什麼？我的看法是：它代表了詩人羅門的濃縮的詩論落點，它象徵一種超越的詩情……。說明詩的想像力與轉化力以及詩的活動空間！

唐王昌齡詩論有謂「譴比勢者」，即藉外物而反映內心。

奔著山水來

衝著山水去

這兩句的冠首一「奔」一「衝」，都有著不同的形象與寓意，「奔而來」寓意「馬」的無限的雄騍之動態；「衝而去」寓無限毅勇之氣，這是詩人的譴筆之勢。

除了地平線

我從未見過韁繩

這是詩人的感興之筆。

詩人由內在及外在的心靈感應，如古詩有：「冷冷七弦遍，萬水澄幽音，能促江月白，又令河水深。」

爲了表達這匹意中之馬的生命力，它就必須是一匹脫韁而騰飛的千里馬！在海闊長空的意向中根本不見韁繩。這一句表現感物的力量之大，同時反映詩人的想像力之無限！

除了雲與鳥坐過的山

牠從未見過馬鞍

除了天空銜住的虹

大地啣住的河……

這是詩人「含思落句」之筆。這裡的「含思」是「含蓄」不使語盡意窮。所謂「落句」，指詩人藉景物而寓意的具象。

雲和鳥坐過的「山」是象徵高曠、自由、自在，與「馬鞍」的「拘掣」相對；天空的「

虹」、大地的「河」，遙遙相呼應，象徵壯志縱彩、大江東去之瀟灑與「馬勒口」相對，騰出「壯闊」與「卑小」的空間對比；「荒漠的烟」與「馬鞍」相比較——壯志烟直；而馬鞍不過影子而已……詩人每一個意象都很含蓄，都代表著一種事物的暗喻——「醉後不能語，鄉山雨雰雰」。人物、心靈、景物、時間、感情，盡在不言中，落句、寄意，密密相聯，步步相隨。

一想到馬厩
連曠野都要撕裂
一想到遼闊
牠四條腿都是翅膀……

古人有：「下拂上勢」即「上句意未盡，下句補之」；「一想到馬厩」（上句）「連曠野都要撕裂」（下句）上下相激，蓄滿氣勢，「不自由毋寧死」一語破格而出！

「一想到遼闊」（上句），「四條腿都是翅膀」，不寫「化作」而寫「都是」，這是造勢之筆，讀詩的人便立刻從詩的意象中的空間、時間、立體、虛象的交互之間，一時觸覺、視覺、感覺，一齊奔來——想到海闊天空，巴不得展翼翱翔……

山與水一起飛
蹄落處花滿地
蹄揚起星滿天……

這是古詩論中所謂「心期落句勢」，即是「心有所期而寄意相觀照」；「山與水一起飛」，第一句的「分勢」是「山水」與「起飛」這是《文心》所說：「形生勢成」、「始末相亟」——山水齊飛颺這個動勢，多麼的壯逸！多麼的空靈！氣勢多麼富於磅礴的動律感。

「蹄落處，花滿地」，是「直比勢」；「蹄影輕飄，飛花紛繽——」蹄的線條與花的顏色相互掩映，這個綜合意象之美，自是「桃李不言而成蹊」的意境。

「蹄揚起星滿天」，與上句相承，有古典詩詞的駢體法。這一句是詩章的定勢，《文心》所說：「勢有剛柔，不必壯言慷慨！」視覺、感覺交感迸發使你的靈視世界展開，有「蹄風飛颺，星河光碎！滿空閃爍金玉聲……」之慨！

最後，筆者認爲：「詩人比興，觸物圓覽。」是詩人兼藝術家的駢體創作了這幅中國詩魂的「馬中馬」的大寫意，大潑墨！

（一九九二年八月二日泰國世界日報）

作者：泰華名詩人作家

釋羅門的「窗」

馮晟乾

羅門有一首題爲窗的小詩，只有十一行。因其簡短，不佔篇幅，今錄其原詩於下，以便與讀者欣賞。

猛力一推　雙手如流
總是千山萬水
總是回不來的眼睛
遙望裡
你被望成千翼之鳥
棄天空而去　你已不在翅膀上
聆聽裡
你被聽成千孔之笛
音道深如望向往昔的凝目
猛力一推

竟被反鎖在走不出去的透明裡

這首詩初見之於「曠野」，再見之於自選集，又見之於羅門詩選。雖是一首小詩，但這三種不同版本卻有兩處不同。一是第八行的「被」字，「曠野」是「授」字。這可能是手民的錯誤；一是第九行的「遠方」二字，在自選集、詩選中，都是「往昔」二字。這可能是作者自己改正的；如果是自己改正的，最好夾注說明，以免讀者有一頭霧水之感。同時就筆者而言，「往昔」的感覺，是回憶、追溯的，不如「遠方」的感覺是前進開展的好。

羅門之「窗」，當然不是有形的房屋之窗；而是無形的人生之窗或生命之窗。人生之窗也如有形之窗一樣，有時是很難開啓的。朋友你也有一扇生命之窗麼？是怎樣開啓的呢。但羅門之窗，是在猛力一推之後，才被開啓的。也就是因爲猛力一推，雙手的推動鼓蕩，造成無形的空氣之流動，而產生了高山中、原野裡的涓涓細流，黃河長江的滾滾奔流的意象，象徵那生命之流，以顯現那萬紫千紅的人生之流的花花世界。這和席慕容詩集中的插圖，每幅都是許許多多的線條之流動，有異曲同工之美。

人生之得意盡歡，豈是那麼輕而易得的；人生不得意時，總是十之八九。就像是人生旅途，往往是在泥濘中掙扎，你碰壁也好，你跌跤也好，都不容許你退縮不前，也不准許你抽身後退。這就是「窗」中所謂的，「總是千山萬水／總是回不來的眼睛」的意義。

第二段接續著第一段的意思說，眼睛既然收不回來，那就只有向前瞻望的份；這靈魂之窗，如攝影機的鏡頭，繼續著攝取這千門萬戶的景象，然而這是一幅什麼樣的風光呢。

鏡頭中的風光，其實是很單純的；也可以說，這詩人的攝影家，在千山萬水的社會中，他攝取的只是那千翼之鳥而已。這使我想起一首千古名詩，那就是「千山鳥飛絕」。

但羅門的千山萬水之中，還有一隻千翼之鳥。這千翼之你，也許比孔雀之翼還燦爛，但不管你有多麼的美麗，也在「欲窮千里目」的目中，變得越來越小，最後是消失不見了。這就是「棄天空而去」所表示的意思吧。

鳥之所以爲鳥，是它有翼，而且是千翼。可是羅門這位詩人的攝影家，鏡頭中的千翼之鳥，表現了你已不在翼上，翼上沒有了你，也就是翼的紛飛，翼的零落。

如果理解的不錯的話，也覺得那千翼之鳥，是只見其翼；反過來說也就是不見其頭，甚至於不見其身。如此一想不禁有些毛骨悚然了。

目中的你是如此，耳中的你又是如何呢？

耳中的你，如千孔之笛的笛聲，演奏出高亢、低沉、清亮、重濁、華麗的美妙。但耳中的你，依然是目中的你一樣，只能凝目於遠方。「凝目」者，是眼睛既不能收回來，又不能再投射得更遠。只是「凝目」而已。

以眼光既不能收回，又不能投射至更遠的遠方，逼出最後一句，猛力一推／竟被反鎖在走不出去的透明裡。可以說是意象美妙，筆力萬鈞。

民國七十年（一九八一）一月十七日中央日報副刊

作者：從事文學批評、散文作家

將生命活成一首詩

郭玉文

訪問羅門先生，深深為他純粹的藝術生命及高尚的心靈品質所感動。像溫瑞安先生所說的：「十七年前，在一個詩人會議上，羅門先生以澎湃的心靈談詩；在十七年後的今天，他的年紀長了，但他對詩的熱情未曾消滅。」

羅門先生說：「寫詩是屬於『精神』上的一種戀愛，如果你不夠專一，當你變心愛上另一個她，就自然不再愛原來的她，也就是說，你可以不再愛詩與寫詩了。」當我問及：是否曾經有過放棄寫詩的念頭？他說：「從未有放棄寫詩的念頭，詩與生命是一體的，離開了詩與藝術就等於離開了自己及生命，唯有詩與藝術能將生命做最好的保護，不被扭曲敗壞。」他同時說道：「我可以得罪某些人，但絕不能得罪詩與藝術。」

如果說，蓉子女士是他在塵世中的妻子，我們可以說，詩是他藝術世界的妻子，羅門是最最誠懇的丈夫。蓉子是他生活的穩定力量，詩則是他心靈世界的泉源。

「事實上，寫詩既無利可圖，名也並非說來就來，加以現代人缺乏等待的耐心，並且工商業社會金錢與勢力掛帥，許多人對詩的熱情與嚮往，無法不面臨冷酷的挑戰，甚至遭受破滅，再加上後現代社會裏，『文化』成爲商品在市場上銷售販賣，屬於精神高次元的詩，自然要沒落了。」

詩人，你還寫詩嗎？羅門說：「是的。」

每日早晨，羅門會登上燈屋的頂樓，面對他自己創造的藝術世界，他覺得每一天每一天都是不同的藝術面孔，他寫詩、讀書——在燈屋裏，他同青年人談詩，在塵世的每個角落。他愛詩，將自己活成一首詩。詩與羅門，羅門與詩已不再是兩個個體，詩是羅門，羅門是詩。

詩人，你還寫詩嗎？羅門說：「是的。」

民國七十九年（一九九〇年）三月五日自立晚報

作者：散文作家從事文藝批判

藍星卅年來的「詩」路歷程

——給羅門

張肇祺

「藍星」——三十年來的：「詩」——路：歷程——已展現出「藍星」在詩的本質追求上乃爲——「詩」是美在語言生命中的生長。

「藍星」三十年來的：「詩」——路：歷程——已展現出「藍星」在詩的形而上世界中所追求的乃爲——「詩」是達到存在的一條線索。

這種雙重而又是內外取向的表徵：它所透現的，特別是從覃子豪在前期「海洋詩抄」的「追求」中——「一個雄偉的靈魂跨上了時間的快馬」而到羅門的「第九日的底流」中——「啞不作聲地似雪景閃動在冬日的流光裏」已然「觸及永恆的前額」的「底流」之展現：「詩」——長在宗教、哲學、科學之上的一種探索，並以之投向藝術的至高點而透出歷史意識於全宇宙的沉思中。這就是人在宇宙時空生命洪流與擴延中的小我親切與大我普遍的同其永恆存在。

有一年，我曾寫給羅門一首詩——曰：

剎那的印象

——給羅門

當你眼神一連串心境灼閃著
美的
散落……打擊在
這一音符的那一個
旋視
之上……盤繞著的
是
羅門——心靈世界
遠方的……回音
乃：
雙手被蒼茫攔回
一個死不透的世界
這是——
我的眼直走你的眼
是你的「眼睛便昏暗在最後的橫木上」
聽

車音走近
走在橫木上
的
底流
遠去……

在遠去中——我還是用我對你「刹那的印象」作爲對「藍星」一個小小的祝福。

因爲詩與文學的歷久不衰的創作主題乃是對於生命及其無常與神秘所透過詩人與文學家心靈世界進入存在之無窮以對永恆所作的肯定，而不是否定；是向上，而不是向下；是超越，而不是停止在那裏不動。因爲——「詩者，天地之心，萬物之戶。」（孔子，詩緯，含神霧）所在生命宇宙中生生不已的「動」，而於「易，无思也，无爲也；寂然不動。感，而遂通天下之故。」（周易，繫辭傳）的「靜」中得之，以「妙萬物而爲言」的詩的：宇宙生命的語言。

今早，我又忽然想到——

詩人，就是要做夢
有時昏昏沉沉
有時要睡覺
有時跟鬼說話

有時跟神說話

此「神」，「神也者，妙萬物而為言者也。」（周易，說卦傳）這就是「詩」——之所之也之所至極者也。「妙萬物而為言」就是詩在宗教、哲學、科學之上把「天地之大德曰生，生生之謂易」（周易，繫辭傳）的無窮，宇宙生命投向藝術至高點的一種美的探索。所以愛默生說：「詩人是說話者，命名者，代表著美。他是完整的，獨立的，站在中央，美是宇宙的創造者。」（論詩人）

因為「求物之『妙』，如繫風捕影，能使是『物』了然於『心』者，蓋千萬人而『不遇』也，而況能使『了然』於口與手者乎？是之謂『辭』達。辭至於能『達』，則『文』不可勝用矣。」（經進東坡文集事略，卷第四十六答謝民師書）

「夫學詩，所以能言者，豈非以理達氣和，熟悉於列國之風土民情，有得清風肆好之旨，言之成文與？是三者，皆所謂能言矣，而不能盡是也。夫古聖賢立言，未有不取資於詩者也。道德之精微，天人之相與，彝倫之所以昭，性情之所以著，顯而為政事，幽而為『鬼——神』，求詩，無不可證。故論學論治，皆莫能外焉！故中庸言理之無聲無臭，其義精且密矣，而必即詩言之推之。孔子閒居，其辭美且盛矣，而必以近於詩者明之。其他如孝經之所述，禮記大學之所稱，坊記、表記，緇衣之所引，無不取徵於詩。何者？理無盡藏，非觸類旁通則無以見。夫詩者，觸類可通者也。觸類可通，故言無不盡，引而申之，其義愈進焉！（劉孟涂集，卷一，續詩說下）

這就是——我所謂的：「詩人，就是要做夢，有時昏昏沉沉，有時要睡覺，有時跟鬼說話，有時跟神說話。」這就是愛默生所謂：「詩人是說話者，命名者，代表著美。」這也就是我所謂：「詩是妙萬物而爲言，是在宗教、哲學、科學之上把無窮的「生生」生命宇宙投向藝術至高點的一種美的探索。這種「美」的探索，「觸類可通，言無不盡，引而申之，其義愈——『進』焉！」

因此，我的信念——「藍星」詩刊，在未來的時代，應該永遠是「過去——現在——未來」都在現代的創造中走向自己，完成自己，使中國這個詩的民族在「詩」的生命創造與孕育中，得到一個完全的現體。

（民國七十三年九月十三日）

作者：詩人評論家，任教文化大學哲學系

新詩欣賞

蓉子

傘

他靠著公寓的窗口
看雨中的傘
走成一個個
孤獨的世界
想起一大群人
每天從人潮滾滾的
公車與地下道
裏住自己躲回家
把門關上
忽然間
公寓裏所有的住屋

全都往雨裏跑
直喊自己
也是傘
他愣然站住
把自己緊緊握成傘把
而只有天空是傘
雨在傘裏落
傘外無雨

——羅門

羅門，寫詩三十多年，出版有詩集「曙光」、「曠野」、「羅門編年詩選」，論文集「心靈訪問記」、「時空的迴響」等十多本書。曾主編「藍星詩刊」，現爲藍星詩社社長。曾兩度獲菲總統金牌獎。

傘是日常生活中的用具，好幾個詩友都寫過它，只是每個人表現出來的內容和效果都不盡相同。我也曾寫過幾首有關傘的詩。我的傘是一把「宜晴宜雨」的傘，既能擋雨，又可遮陽。羅門的這把傘卻純粹是雨傘的形象。「他靠著公寓的窗口 看雨中的傘」，這開頭兩句，是現實中的事物，它（雨中的傘）引發了詩人寫詩的動機。然而，詩人並不單純地停留在這一點上，他的目的並不在於描寫傘的外形，敘述傘的功能，乃是藉著日常生活中的傘，加以象徵的表現，表現作者內在的精神世界。就像這首以傘爲題的詩，它所要告訴我們的，不是有關於傘的常識或知識，而是一種感覺經驗。如：看雨中的傘「走成一個個 孤獨的世界」。接下去說，「想起一大群人 每天從人潮滾滾的 公車與地下道 裹住自己躲回家 把門關上」，這幾句描寫的是現今都市人繁忙的生活，急迫的腳步。每天早出晚歸，上班的、上學的，要忙完一整天才能搭車子回家。由於社會形態如此，每一個人都是獨立的世界，必須自己照顧自己。甚至某些人有一種「自閉症」，白天置身人群中是不得已的，一到下班，「便快快裹住自己躲回家」，把門關上，和人群隔離，免受傷害。

第二段則運用了「超現實」的手法，意指每座住屋也是一把傘，有它獨立隱蔽的空間，雖然傘外有風雨，傘下卻依然乾暖就像家的安全舒適，同時「住屋」在這裏代表「家」，認爲自己就是一把「傘」，直追風雨中傘的功能。

最後一段似有禪味，說他突然驚覺，好像自己是傘柄，也只有「我」自己才能緊緊把握住世界。於是作者用想像將空間擴大，推廣了詩的境界。整個天空是一把傘，自己孤獨地撐住所有風雨，因爲「雨在傘裏落」，而是傘外反無雨了。這不禁令我們想起古人「橋流水不流」的妙句。

（國語日報民國七十四年六月二日）

作者：詩人、散文家，從事文藝批評

隔海說羅門

周偉民

近年，獲得一份完整的臺灣出版的《中外文學》月刊，閱讀之餘，頗有新鮮感；繼而又從文獻出版社的《臺港及海外中文報刊資料專輯》裡，讀到一些對臺灣近年詩壇狀況的評論，對這一「不安海域」的現代詩風潮略知一鱗半瓜，也膚淺地了解什麼是臺灣的都市詩，臺灣著名詩人羅門是都市詩的巨擘，「都市詩經過羅門多年來的堅持而奠下基業。」又知道臺灣「藍星詩社」對現代詩傳統的貢獻，而羅門就是藍星詩社的大將。人類的生活也多出巧合。一九八八年十月下旬，颱風吹臨海南島的季節，羅門先生應邀回故鄉講學，十月二十四日下午，他在海南大學向師生作關於新詩的演講，當天九級颱風的狂飆搖撼著地處海濱一隅的海南大學校園中的椰樹，但是，前來聽講的師生非常踴躍，會場中座無虛席，窗裡窗外，走道和室外的走廊，都擁擠著滿懷激情的男女大學生。講者和聽者心中都懷著一團火，盛況空前。在海南，我還很少親歷如此動人的場面。這一天，我接待了這位「少小離家老大回」的海南籍朋友，也是臺灣朋友，羅門先生於次日離海南島前寫信對我說：「非常感激您們的接待。的確是『詩』使一切美化與單純化，使所有的距離都向『完美』接近，您的觀念理念，在短短的交談中，已全面地展現到全人類都能共見與共識的理想位置。我想，在超越與開拓性的全人類精神活動領域，『詩眼』將看見生命永恒存在的基型世界。」是詩把羅門與海南大學師生中的詩歌愛好者聯結在一起了。羅門離開海南後，他應邀到大陸，先後在廣州、夏門、上海、北京等地各著名大學、社會科學研究機構、作協、文聯等單位作了三十場包括演講與座談，尤其是在中山大學、復旦大學、華東師大，北京大學、夏門大學，受到師生的熱烈歡迎，他與大陸著名學者、詩人會面，如艾青、馮至，施蟄存、卞之琳、賈植芳、謝冕，袁可嘉、晏明、高瑛、劉堪秋、古繼堂、林興宅、徐學、俞兆平、朱雙一……等，還與一些近年有卓著成績的青年評論家、作家楊小濱、杜榮根……等交談，展開了跨海性的「都市詩」與「田園詩」的熱烈交流。羅門先生在短短一個月時間裡，結識了中國文壇的許多著名朋友。他回到臺灣之後，臺灣《自由時報》的《自由副刊》於一九八九年二月二十六日登載了紀錄臺灣詩人大陸行的《文學之旅》長文。最近，他又托友人帶來他及其夫人蓉子的著作，獻給家鄉的海南大學。翻讀之餘，深感羅門、蓉子的詩歌創作，各領風騷，各樹風格，獨步詩壇，令人欽佩不已。

羅門，一九二八年生於海南文昌縣，少年時代到臺灣，曾學習飛行，後考進民航局工作，一九五五年與詩壇聞名已久的女詩人蓉子結婚，是貝多芬的音樂和詩人蓉子激發了他的詩情。羅門說過：「貝多芬培養我的詩人心靈，而蓉子引燃我的詩人生命。」在民航局工作的二十五年裡，他是臺北航空站的高級航務官，但爲了詩的事業，他提前退休，專心從事詩歌創作。

一九八八年七月，臺灣新聞局《光華雜誌》介紹羅門生平時寫道：羅門「從事詩創作三十多年，被詩界認爲是重量級與深具影響力的詩人；同時也是一位進入人類心靈深處，掌握人類生命重大主題，以及表現思想與精神層面較深廣的詩人；曾獲藍星詩獎、詩聯會詩獎，教育部詩教獎，其中《麥堅利堡》詩曾獲菲總統金牌獎，並被第一屆世界詩人大會主席在開幕典禮上宣稱《麥》詩爲近代偉大之作。羅門與他的妻子蓉子一九七六年出席在美召開的世界詩人大會上，同獲特別獎與接受大會加冕」。文章接著寫道：「羅門現爲藍星詩社社長，曾任中國新詩學會常務理監事、文協詩創作班班主任，歷任全國詩獎決審委員以及在國內數十所大專院校講演現代詩，接受國內著名學人、批評家及詩人評介文章近三十萬字，作品選入英、法、日，韓等外文詩選與中文版《中國當代十大詩人選集》。」這是臺灣報界對羅門的最新介紹。羅門的詩作極其豐富，計有詩集《曙光》、《第九日的底流》、《死亡之塔》、《羅門自選集》、《曠野》、《羅門編年詩選》、《整個世界停止呼吸在起跑線上》第七部，論文集有《心靈訪問記》、《長期受著審判的人》、《時空的迴聲》三部。另有《日月集》（英文版）與《羅門蓉子短詩選集》。羅門的作品，被選入七十六種中文詩選集，選入十七種外文選集（包括英文版、法文版，日、韓文版）。一九七〇年羅門名列《世界名詩人辭典》。

羅門是臺灣詩壇崛起的第二代詩人，他與楊牧、余光中、非馬、洛夫……等，對臺灣詩歌的創造別有一翻新的開拓。在羅門的七部詩作中，他向我們展現了臺灣斑駁陸離的複雜的生活世界，他的詩歌主題是多向的，尤其關於都市、戰爭，自我、時空、死亡的主題，其深刻的內涵與優美的詩的旋律，達到詩歌的爐火純青的地步。羅門自己曾經說過：「我企望在未來能更深入地將人存在的那些重大主題——『人的自我存在』、『時空』、『死亡』、『戰爭』、『都市文明』、『性』、『大自然』、『永恒』……等透過系列性的詩的創作，傳達我個人存在於世的聲音，建立我個人獨特的創作風格。」他在深入體認生活的過程中，獲得了創作生命的深度、偉大感與永恒性。在羅門的創作觀念中，最基本的兩點是第三自然和現代感。

羅門認爲，詩人與藝術家創造了第三自然。一九七五年出版的《羅門自選集》的代序中，他說：「這是我二十年來透過詩與藝術，對人類內心與精神活動進行探索所做的認定，並提出這一具冒險的觀點，詩人與藝術家創造了存在的『第三自然』。同時，我深信這一觀點，非但可以解決當前詩與藝術所面臨的種種爭論與危機，並可指出詩人與藝術家所永遠站住的位置以及人類心靈活動接近完美的企向。」詩人創造第三自然這一觀念，他在一九五八年發表的《現代人的悲劇精神與現代詩人》這篇長文中，已經孕育了這一思想。他所主張的第三自然，即詩人與藝術家創造的人類內心活動更爲自由廣闊的美感心靈世界。也即是說，第一自然是人類所面對的自然世界，如客觀自然的山水田園景象，第二自然是被人類改造過的社會現實生活環境與社會形態，如電氣設備讓樓宇冬暖夏涼等，這兩個自然的存在層面，是人類生存的兩大現實性的主要空間。而第三自然，是「詩人與藝術家掙脫第一與第二自然的有限境界與種種障礙，而探索到的更爲龐大與無限壯闊的自然——它使第一與第二自然獲得超越並轉化入純然與深遠的存在之境」。舉個例子來驗證，第三自然是陶淵明將目視的有限「東籬下」，超越與升華到陶淵明靈視中的無限「南山」的境界。所謂第三自然，是詩人藝術的自由王國，通過詩人的觀察、體認、感受、轉化與升華等心靈活動所形成的那個具有超越性與充滿美感的更爲眞實的無限壯闊的境界。羅門的第三自然觀，強調詩歌的靈魂——詩人心靈的永恒，一種不受古今中外時空限制，超越並轉化入純然與深遠的精神活動的佳境，詩人進入內心第三自然的存在境界，才能眞正找到自己存在的眞實位置。羅門這一理論，讓我聯想起一九八七年詩人公木（晚了羅門十多年）在《話說第三自然界》一文中，對於當時有人把詩的意境作爲第三自然界的觀念，提出了他的看法。公木認爲：「第三自然界的理論是集中地說明了作爲觀念形態的藝術或詩，具有著如下兩種特質：第一它是現實的反映，第二它是理想的創造。」他進一步指出，這也是康德在《判斷力批判》中所闡述的藝術家使命感的理論。康德說：「詩人肩負這樣的工作，要把看不見的一些理念的東西，如像天堂、地獄，永恒、創世等，翻譯成可以感覺到的東西。再或者把經驗中所發生的事情，如像死亡、忌妒、惡德以及諸如愛情、榮譽之類的東西，借助於想象力的幫助，不僅使它們具象化，而且在具象化的當中使它們達到理性的最高度，顯示得那麼完備，以及使得自然本身相形見絀。」看來，羅門在三十年創造實踐中所領悟出的第三自然的創作觀，與世界著名的文學家、哲學家所理解和建立的理論，其調是異曲同工了。

作者：文學理論家、海南大學文學院院長一九八八年八月六日

心靈的弦

——《羅門詩選》讀後

唐玲玲

《羅門詩選》是洪範文學叢書之一，臺灣洪範書店出版，其中收集羅門自一九五四年至一九八三年這一階段最爲膾炙人口的現代詩約一百首，包括從未結集的近作三十首，附有詩人所撰《我的詩觀》長文代序。在這部詩集中，作者將自己的詩作作出分期，即曙光時期，第九日的底流時期、死亡之塔時期、隱形的椅子時期、曠野時期、日月的行蹤時期。據我的理解，這樣的劃分是以各個時間的代表作爲標幟，詩人自選三十年創作的精華滙爲一編，續集成冊，貢獻給廣大讀者，使人們在詩人的藝術創造中獲得美的享受。

羅門先生是海南島文昌縣人，原名韓存仁，少年赴臺至今，是臺灣著名詩人，曾出席菲律賓舉行第一屆世界詩人大會，與妻子蓉子獲大會第一「文學伉儷獎」，接受菲總統大綬勛章，又出席在美召開第三屆世界詩人大會，與蓉子同獲大會特別獎並接受加冕。臺灣詩界評論羅門是「詩風堅實有力，意象朗暢，音響跌宕，自成一體，廣受詩壇尊崇，影響青年詩人甚鉅。」他曾先後出版詩集六種，評論四種，作品曾譯爲英、法、日、韓等文字發表。

羅門是城市詩國的發言人，他具有對時代脈搏的敏銳感受。早在一九五七年，他把熾熱的詩情，向都市生活投進他心靈的陽光和沸騰的血液，把自己熟悉的都市生活凝成情思，賦于深邃的思想內涵，以他別具慧心的思辨，抒寫了許許多多震撼人心的詩篇。詩人筆觸所涉及的生活面極其廣闊，在《城裡的人》詩中，詩人以生活的某一斷片揭示城市一角的動態：「他們的腦部是近代最繁華的車站／有許多行車路線通入地獄與天堂／那閃動的眼睛是車燈，隨時照見惡魔與天使的臉。／他們擠在城裡，如擠在一隻開往珍珠港去的船上／欲望是未納稅的私貨／良心是嚴正的關員。」把城市的人對物質生活的追求和欲望，透徹入微地通過詩的語言表達出來了。《羅門詩集》裡，詩筆所觸及的有城市裡白髮的老者，異邦的女郎、流浪人、露背袋、咖啡廳、教堂、地攤……對城市作出多面的複雜的描繪。《都市之死》、《都市的五角亭》、《都市的落幕式》、《都市的旋律》、《都市．方形的存在》等詩篇，都是「穿過複雜的直接性」與「透過複雜的單純性」的語路，把城市繁雜的生活實質一層層揭露開來。

在《羅門詩集》中，也挑選了一組反映戰爭生活的詩篇：《彈片．TRON的斷腿》、《車禍》、《板門店38度線》、《麥堅利堡》等詩篇，其中《麥堅利堡》一詩，榮獲前菲律賓總統金牌獎，一九六九年當他與蓉子被選派出席在菲律賓馬尼拉召開的第一屆世界詩人大會時，大會主席尤遜（Dr.yuzon）在開會典禮上曾當著數百位來自美國、蘇聯等五十多個國家的代表指出：「羅門的《麥堅利堡》詩，是近代的偉大作品，已榮獲菲總統金牌獎。」

麥堅利堡是紀念第二次世界大戰期間七萬美軍在太平洋地區戰亡的墓地，詩人不是對國殤們的讚嘆，而是以沉痛的詩筆抒寫墓地的寂寞和死去靈魂的哭泣，詩中所展現的是「一幅悲天泣地的大浮彫／掛入死亡最黑的背景／七萬個故事焚毀於白色不安的顫顫。」詩中深情低迴地呼喚陣亡戰士：「史密斯、威廉斯／當落日燒紅滿野芒果林於昏暮／神都將急急離去／星也落盡／你是是那裡也不去了／太平洋陰森的海底是沒有門的。」詩人所抒寫的，是七萬死者的悲慘命運，正如他在注文中所說明的：「這個世界在都市喧噪的射程之外，這裡的空靈有著偉大與不安的顫慄。」詩人代表高肯讀這首詩後說：「羅門是一位具有驚人感受性與力量的詩人，他的意象燃燒且灼及人類的心靈……我被他詩中的力量所擊倒。」

除了戰爭題材之外，詩人對於都市郊外的自然風光著意讚頌，像《山》、《河》、《海》、《觀海》、《曠野》這組詩，詩人體驗自然界美感情境，接受中國古典詩歌的優美的傳統本質，把自然山水抒寫得極其寧靜與安詳，讓詩的靈魂溶進大自然的存在空間。《詩集》中還有一組望鄉詩，如《望鄉》、《茶意》、《賣花盆的老人》、《遙指大陸》等詩篇，寄托了詩人對故鄉的懷念和深情，當他看到一幅「一位祖父帶著孫子在海邊用手遙指大陸」的攝影作品，詩人寫道：「他指的／是炮彈走過的路／血淚走過的路／他指的／是千里的遙望／孫子看不懂的鄉愁／順著他指的方向／直對著他看的／是他三十多年前的自己／青山般的站在那裡。淚滿了雙目／海哭成三個／家遠出望外／而孫子卻說／那地方好近／把岸拉過來／一腳踩上去／不就是老家嗎。」詩中意象何等動人心弦。

羅門是一位「靈視」生活的詩人，《羅門詩選》中的詩，對現代都市生活進行了深沉的探索，詩人以現代詩的立體、多面的藝術技巧、採取「縱跨寫實白描、象徵、超現實、魔幻新寫實」。（鄭明俐評價）的表現手法，抒寫人類心靈的渴望和追求。讀羅門的詩，令人體驗到一種翻天蓋地而來的巨浪，又似乎聽到隆隆炮聲之後的令人竦然的靜謐，同時又展現了寬廣大地上生活的陶醉，正如詩人所歌唱的：「雕塑晨曦晚霞與星夜／描繪綠樹碧野與青山／撥弄陽光風雨與流水／旋動日月季節與宇宙。」他抒寫了生活的永恒，愛情的溫馨。羅門的詩作，隨著大陸與臺灣的文化交流的日益發展，一定會在廣大讀者的心中引起強烈的共鳴與震撼。

（一九九〇年九月廿四日）

作者：文學理論家、海南大學教授

心跟著愛轉

陳祖芬

羅門說：美的心靈如果死亡，太陽與皇冠也只好拿來紮花圈。文學與藝術是一種高超的力量，能夠從所有的複雜性與所有的阻力中，回到純粹的生命領地。

我常常想，除了詩，他還會講別的嗎？走進臺北鬧市他家，我找不到常規意義上的生活的托盤，譬如床，譬如餐桌，譬如椅子，這間好像用燈光用積木搭成的屋子，沿著牆根有一圈彩色的方墊，如同這幅抽象燈畫的彩色鏡框。

不知多少個藤椅的圓座，來回扣著摞到天花板。每一個圓座裡旋轉出金黃的燈光，好像很多燈光仙子旋轉飛舞而上，又好像一個光的巨人，用身子托起光明。

更有不知多少燈光。好像無數盆光，疊羅漢般疊起，燈光仙子柔軟的身體從一個個盆裡倒垂下來，又如光的瀑布層層交疊著流瀉。

天花板中間，掛著一串大大小小的蒸籠。每層蒸籠裡蒸騰著熱乎乎的燈，在天花板上映出一圈圈融融的暖光。

方的、圓的、長方的、三角的。一堆廢鐵碼成燈，大團廢鐵絲擺成燈，百葉窗帘圍成燈，各種玻璃瓶組合成燈。我站在這燈光世界的門口，覺得自己的腳踩在地平線上，頭頂在無障無礙的天上，在燈與光的海洋裡漂游。

羅門指著那旋轉到頂的藤圈燈，說螺旋是一種回升，一種衍生。時間是前進中的永恒，而不是被文明的齒輪割下的碎片。在現代都市裡，三角形正在吞吃圓形。人際的競爭，像冰冷尖銳的三角形。抬頭望明月，低頭是車禍。我們東方的人文精神是圓的，把西方文明凸現的三角形、方形融化了，變成螺旋形。圓形象徵圓渾和諧的生命狀態，螺旋形既有衍生的圓形，又有層層向上升越的精神，既有旋進去的看不見底的生之奧秘，又有旋上去的生之推進。

我跟著羅門從「推進」到樓上，這裡更恣肆，牆上醒目處，幾根舊木條釘成一個大大的「出」字。「出」字的上部，左右各釘一個自行車輪胎的鐵圈，中間出頭處掛一層次較多的鐵圈，好一個飽經憂患的人雙手抱拳作揖：在下告辭了。一側牆角，豎著一行高高低低好像音階的水泥管，上方是一大團鐵絲，好像有人探出一個大腦袋，驚訝地看著這方充滿音響的天地。不不，這裡並沒有音響，但是這裡這麼多鋼和鐵，就感覺著鏗鏘和交響，一個舊電扇的肩上，放一個「ㄇ」形的鐵架，成一鋼鐵勇士，守護著這方現代都市裡的原初的聖地。一個橫放的烤麵包箱上立一個盤滿鐵絲的筒，好像張著大嘴的愁容騎士。一摞磁磚上，堆放著帶電線的舊鐵器，好像響覺的外星人。太陽能罩前，支一舊傘架，像剛剛降落下來的大胖子。

羅門說，他拿著上天給他的通行證與信用卡，不斷進入超越和無限的境地，他用想像的眼睛、觀念的眼睛、潛意識的眼睛、夢幻的眼睛，回憶的眼睛把他所有的眼睛看見的東西，都展現出來。他說現代社會裡，這秒鐘沒抓穩，那一秒鐘又來了。每一個人抓住這一秒鐘，好像抓住一條生之船。大家來不及交流，又一起被送上現代都市的傳送帶。

他要飛回自然。伸出的陽台上，密匝匝的綠葉叢中，是各種倒置的舊電扇一類，看過去像原始叢林中要飛起的一隻隻鐵鳥、鋼鳥。我想起羅門本來就是駕駛鋼鐵鳥兒的——飛行員。常年與藍天對話，天上人間，天人合一，鋼鳥綠葉裡，有一方純白的淨地。地上一只白座墊，白墊上方，有一個非白色的存在——一根鐵鏈。羅門說，在這裡打坐，如果腦子裡閃過不淨的念頭，那鎖鏈就從高處落下，人就被鎖上，讓欲望的世界牽著走。他說有一個高潔淡雅的世界，向天空開放。它不斷升華，高出眼睛時，就渾化成一朵禪，心與世界都要空出來，給他。

我看羅門，就像他家那金黃光明旋而上的藤圈燈柱。他說要是人不跟著心轉，心不跟著愛轉，哪裡會有這樣好看這樣光明的旋轉。羅門和他的妻子蓉子，是臺灣詩壇無可替代的兩位詩人。我明白了心跟著愛轉的道理，就明白了為什麼羅門是詩，蓉子是詩，他們的燈屋是詩，他們的詩更是詩。

（一九九六年八月二十六日文匯報）

作者：大陸名散文家、從事文藝批評

在精神的螺旋塔裏

——羅門和我的「緣份」

施建偉

緣份是一種偶然，是一種機遇和巧合，無意的碰撞加上有意的追求，在發現中品味，在捕捉中獲得。

「……我們一見如故，我們是有緣的，……」當電話機裡傳來羅門激動的聲音時，我實在不敢冒攀附名人之嫌而謬託知己，但是，經過這次的交往——或者說心的碰撞——之後，我不得不承認：也許眞是有點緣份。

初識羅門是去年十月十一日晚上。在此之前，雖然久仰羅門在詩壇的盛名，然而從未謀面，如果說，機遇和緣份是一對雙胞的話，那麼是世界論壇報的劉菲先生爲我們提供了難得的機會：十月十日：「紀念林語堂誕辰百周年學術研討會」剛剛在臺北閉幕，劉菲兄就約我十一月中午聚會，不料，臨時接到海基會副秘書長李慶平先生的邀宴，善解人意的劉菲兄主動把聚會改在晚上，並且還約請「詩象」的彭邦楨先生，世界論壇報副刊主編周伯乃先生，淡江大學何金蘭教授，中國政報社社長鄧淑慧女士等文友作陪。

傍晚，從新店市驅車數小時匆匆趕到臺北的劉菲兄和我熱情握手後的第一句話是：「你認識羅門嗎？我又約了羅門，他說他先來這裡等候。」

說到曹操，曹操就到，只見一位頗爲瀟洒的藝術家手持畫冊由自動電梯徐徐而下，他，就是羅門，與詩集扉頁上的照片很相像，但那內在的氣質，火焰般的熱忱和激情，惟有這活的形象，才能表現得如此生動和眞實。

從禮節性問候後的第一秒鐘起，簡直不容你有任何選擇的餘地，他就把自己的世界——藝術的世界：詩的世界展示在你的面前，他說，樓上正在開畫展，翻開手裡的畫冊，指著自己爲這位名畫家所寫的序，暢談他的藝術觀，口若懸河，在去飯店的路上，劉菲兄和我一樣，只能充當洗耳恭聽的聽衆。

承蒙東道主想得周到，把聚會安排在一家江南風味的飯店裡。交換名片等禮儀性程序結束後，羅門在滿座的臺北文化名人面前，繼續進入主講人的角色，談藝術，談人生。鄰桌是一群江南口音的老人，大概是久別重逢之故，都情不自禁地大呼小叫，使店堂裡十分嘈雜，羅門關於「靈魂冒險」的精采獨白，我最多只聽清一半，甚至連一半還不到。——不過，這時我能聽到什麼或聽不到什麼，已經不重要了，因爲，從羅門「旁若無人」的神態中，我感到他已「從目視的有限外在現象世界，進入靈視的無限的內心現象世界。」他的「心輪」已經啓動：從「觀察」到「體認」到「感受」到「轉化」到「昇華」，此時此刻，不知他的「心輪」進入到哪一個方位？其實，在哪個方位也不重要，因爲，通過心靈的透視和省思：文明、戰爭、都市及自然……他給我們的是全方位的掃描。

夜深了，文友們依依不捨地惜別。回到福華大飯店，一位親友說，他已經等候了四個小時，正要坐下來拉家常，電話鈴聲響，一聽是羅門急促的聲音：「剛才，我的話沒有講完，能不能再約時間暢談，我覺得我們有許多共同的語言，也許這是緣份……。」接著，他在電話裡說了半個多小時，……。那位親友等得有點不耐煩了，以爲我故意怠慢他，準備告辭……。

當晚，我久久不能入睡，回顧剛剛發生的那一幕，總覺得羅門的言行和任情似曾相識，在這次相聚中，雖然羅門的「獨白」佔去了主要的篇幅，留給我「表現自我」的空間相當有限，但對眞善美的價值取向的認同，使我們彼此都感到十分貼近，也許，這就是羅門所說的「有緣份」。

我們約定在一次「敬老」活動中再見。那天，臺灣文藝界的老前輩濟濟一堂，對於以中國現代文學研究起步的我來說，眞是千載難逢的良機，事先計劃好：向某某核實某個史料，向某某請教某個疑難，等等等等。但是，當一個個熟悉的名字變成眼前的一個個活生生的人時，有人問我什麼感覺，我不加思索地回答：像做夢一樣。人一到夢裡就身不由己了，除了禮節性的問候之外，先前打好的腹稿全部作廢。我只想看一看，多聽一聽。就在此時，羅門出現了，便邀我去參觀他的「燈屋」，魚與熊掌自然不可兼得，我只好向「葡萄園」的詩友們致歉，在羅門的再三催促下，提前退席。

訪臺之前，我已久仰「燈屋」的盛名，但百聞不如一見！「燈屋」與我見過的那些文人書齋截然不同。如果說，羅門是生活在詩的世界裡，那麼，「燈屋」便是他的藝術世界裡不可分割的一個組成部份。

四十年前，羅門以裝置藝術（INSTALLATION ART）的觀點製作了「燈屋」這一美感生活的空間，除廁所之外，他住房的每一個生活空間和絕大多數的日常生活用品，經過羅門的改造（或者說再創造）後，都依照藝術形態被重新設置了。

語言文字實在是無力描述出「燈屋」多姿多彩的藝術形態，更何況，從踏進「燈屋」的那瞬間起，羅門就有意識地把我帶入他的理念世界，滔滔不絕地闡述「燈屋」的創作理念：他運用包浩斯的「三體合爲一」的創作觀念——就是利用視覺藝術中的繪畫性、雕塑性與建築性的三種「合能」，來經營一個具體且含有詩質的美感空間架構，整體看來，它除了是一件裝置藝術作品，同時也是一首具體可用眼睛來看的視覺詩。在「燈屋」的純粹造型符號中，由方形、長方形、三角形與圓形自由組合，交疊與運作，以達到造型的存在與變化，而加強與豐富視覺空間活動的美感效果。在「燈屋」的具有生命與精神象徵性的符號中，羅門把握了三個較特殊而重要的基型：一、直展型：象徵人類不斷向頂端突破與超越的精神狀態。二、圓型：象徵圓渾穩定與和諧的生命狀態。三、螺旋型：包括有衍生的「圓型」以及層層向上昇越的「直展型」。既有穩定圓厚的實底，也有向上突破的尖端；既有旋進去看不見底的生之奧秘；也有不停地旋上去的望之無窮的仰視，於是螺旋型被羅門視爲人類創作生命與文化向前推進的完美基型——精神的螺旋塔。

在羅門眼裡，「燈屋」是一個詩與藝術的螺旋型世界，完美的基型。他曾爲「燈屋」寫過一首近百行的長詩：「螺旋型之戀」，「燈屋」是他詩生命的一部份。

往後的日子裡，「燈屋」幾乎每天都會浮現於我的腦海中，而「燈屋」的主人羅門每天都與我保持熱線聯繫。表面上看，羅門似乎不拘小節，但實際上，有些被我所忽略的事情，他卻爲之牽掛。比如：怕我行李超重，羅門特地請「文史哲出版社」社長彭正雄先生幫我把一部份書籍郵寄到上海，——這位彭老板也是值得一提的「奇人」，夫婦倆再加上一位女職員，三個人支撐著一家出版社和附設的一個門市書店，純屬小本經營，但該社每年都要出版一些肯定賠錢的「純學術著作」，在商品社會，還有這樣重義輕利的書店老板，眞是難能可貴！而他那吃苦耐勞的精神更令人欽佩：那天，羅門要送書給我，一個電話過去，彭老板親自開摩托車送來，自己扛到三樓，一查缺了幾種，二話不說，這位已過不惑之年的老板又跳上摩托車再取。羅門付書款給他，堅決不收，硬塞進他口袋後，到晚上吃自助餐時，彭老板趕緊搶著付賬，用的就是那筆書款，他與羅門是莫逆之交。

羅門生於一九二八年，算來也有六十多歲了，可是，他精力旺盛，勝似少年，文思敏捷，佳作紛陳，至今已出版詩集、評論集、散文集共二十來種。歲月只是褶皺了他的皮膚，而絲毫沒有磨損他青春的魅力。是的，正如人們常說的那樣：青春不是人生的一個時期，而是一種心態，青春的本質，堅定的意志，豐富的想象，飽滿的情緒，是戰勝怯懦的勇氣，是敢於冒險的精神。許多老年人因爲具備了上述品質，所以年歲並不能使他們消沉，他們的心永遠年輕，羅門就是這樣的人。

願羅門的藝術生命永保青春！

（一九九五年十二月二日菲聯合日報）

作者：從事文學批評、同濟大學文法學院副院長

試評臺灣詩人羅門的詩論

古遠清

羅門不僅是一位詩人，而且是一位有建樹的詩論家，他的詩歌理論和詩歌創作，同是從臺灣現代詩運動中孕育出來的。他在這兩個領域取得的成績，對臺灣現代詩的發展產生了重大的影響。羅門先後出版的詩論著作有《現代人的悲劇精神與現代詩人》（藍星詩社一九六四年版）、《心靈訪問記》（純文學出版社一九六九年十一月版）《長期受著審判的人》（環宇出版社一九七四年二月版）、《時空的迴聲》（德華出版社一九八二年一月版）、《詩眼看世界》（師大書苑有限公司一九八九年六月版）。

羅門的詩學觀，最基本的有兩點：

一是「第三自然」。羅門論詩，首先確定詩人工作的重心，永遠是偏向「如何使人類由外在有限的目視世界，進入內在無限的靈視世界」。他多次強調：「詩人與藝術家創造人類存在的第三自然」，「也就是超越作爲第一自然的田園與人爲的第二自然的都市等外在有限的自然，而臻至靈視所探索到的內心的無限的自然。也就是自陶淵明目視的有限的『東籬下』，超越與升華到陶淵明靈視中的無限的『南山』的境界。」①這裡講的第一、第二自然，雖是意識的來源，但它們本身並無意識，在通常情況下受人類意識的作用也不明顯。所謂「第三自然界」，是詩人所締造的藝術天地，是由藝術所建立的形象王國。它雖然是第一、第二自然的反映，但這個靈視所探索到的內心的無限的自然，比起田園與都市本身，有著更生動活潑、豐富多彩的內涵。它奔湧著詩人感情的潮水，閃耀著詩人思想的光芒，生長著詩人生命的長青之樹。

羅門的「第三自然」的理論主張，生動地說明了作爲觀念形態的詩，是主體對客體的反映，是在田園、城市生活的基礎上產生出來的；但這種產生並不是機械的反映，而是由詩人的觀察、體認、感受、轉化與升華等心靈活動所形成的結晶。它是現實社會群體和詩人審美理想的形象再現。「第三自然」既是反映，同時又是詩人心靈的創造；既是基於田園、城市的現實生活，又必須通過「白描」、「超現實」、「象徵」與「投射」等各種藝術手段。這兩點，就其在現代詩創作中的體驗來說，任何超現實主義者也無法脫離田園、都市的現實；任何偏向寫實的作家也不應模擬、複制第一、第二自然，否則就會使詩質趨向單薄，缺乏意境，語言蕪雜鬆懈，走向散文化。羅門的這些觀點，雖然在前蘇聯高爾基的文化觀中及後來大陸詩人公木的《詩論》中也能見到，但將其同臺灣的現代詩聯繫起來，把它和都市詩創作聯繫起來，把它和新詩創作的現代化聯繫起來，則是羅門的創造。

二是「現代感」。除了強調「第三自然」論外，羅門論詩，還特別強調令他關心與著迷的「現代感」。這裡講的「現代感」，是要詩人們適應現代都市文明的生活景象的需要，去採取相應的語言技巧，「有效地傳達那確實能與現代人生存有關的美感經驗世界」。②具體說來，羅門講的「現代感」是由前衛性、創新性、驚異性（或日震撼性）組成。

「『前衛性』，正是使詩人在創作中機敏地站在靠近『未來』的最前端，去確實地預感新的一切之『來向』，而成爲所謂的『先知者』，去迎接與創造一切進入新境與其活動的新的美感形態與秩序。」需要指出的是，提倡前衛精神並不等於贊成趕時髦。那種湊熱鬧的詩作是不能稱之爲具有「前衛性」的。而執著於生活與藝術追求的詩人，只要能機敏地站在靠近「未來」的最前端，只要寫得有深度有創造性，依然具有「前衛性」。關鍵是要具有超越歷史和現實的勇氣，而不是平行移動。強化詩人的前衛意識，無疑有助於現代詩向縱深和廣闊的領地進軍。

「『創新性』，便是一直在查驗與檢定詩人的『創作生命』是否有效與存在。如果詩人在『心象』以及『語言』與『技巧』的活動中，缺乏『創新性』，便勢必於不知不覺中陷入殘舊與僵化的創作狀態，而失去創作者在創作上的實質身份。」這裡講的「創新性」與「前衛性」是緊密聯繫的。提倡「前衛性」是爲了發揮詩人的主觀能動性與自由性，以便不斷地更新藝術手段，不斷地尋找新的審美視角，不斷地尋找新的生活內涵，不斷地發現自己、超越自己，重新塑造自我，這樣必然帶來創新性。在當今臺灣詩壇，一些詩人之所以能保持旺盛的創作生命力，之所以能不斷地以自己的新作贏得讀者的信任，就在於他們不斷刷新自己的藝術手法，不斷抓住創作上蛻變後的新機能。

「『震驚性』，是一直刺動詩人的創作生命，呈現其超越已往的獨特與新異的面貌。這也是給讀者感受的心靈不斷帶來新的喜動與滿足感，它包括了作品形態與內涵力雙方面對現代人內心所引起新異、迅速且強大的感應力。」這裡講的「震驚性」，是指現代詩所產生的振聾發聵的巨大啓迪力量。凡是具有「前衛性」與「創新性」的詩作，必將使讀者的思想受到啓示，心靈受到震撼。這種「震驚性」是現代詩魅力的一種表現形式。像羅門的《都市之死》，表現現代器物文明對於人類內在空間的斫傷而形成的夢魘，無疑在讀者心靈中間產生了強大的震撼力量。羅門的另一部詩集《整個世界停止呼吸在起跑線上》（光復書局股份有限公司一九八八年版），對於文明，戰爭、都市及自然四大主題的出色表現，及其鏗鏘的音韻，壯闊的形式，堪稱具有震驚效應的石破天驚之作。

在羅門的詩論文章中，較值得重視的還有《都市詩的創作世界及其意涵之探索》③。在臺灣詩壇上，都市詩是一種新崛起的詩歌樣式。和其它詩歌品種一樣，都市詩的發展和繁榮，也離不開都市對詩的觀念及其自身規律的探討。還在六〇、七〇年代，臺灣詩壇就在開始探討都市詩的定義及其相關的問題。羅門作爲一位從一九五七年起就開始創作都市詩的詩人，對這個問題自然有自己的獨特見解。

羅門認爲，都市的範疇不應依據行政區域的法定界線，也不應依它所統治的人口分配來決定。「都市顯然是借助科技力量，不斷發展物質文明，且不同於田園型生活空間的另一個屬於都市型的特殊生活空間。」④這種看法，與那些純粹用歷史學、社會學，公共行政學眼光看都市的人不盡相同，也與那些將都市視爲渾渾無涯的虛無之鄉的論者劃清了界限。羅門的這種界定，無論是從「速度」的相對觀點、從人力財力與智慧投入、從田園與都市生活觀，還是從田園與都市生活負面盲點來看，都有充足的根據。

羅門的都市詩觀念，是從「第三自然觀」衍生而來的：「都市詩是人爲第二自然——都市型生存空間的產物（異於第一自然——田園型的生存空間）。」對都市詩的藝術特點，羅門則將其概括爲三個方面：

㈠都市詩不能不偏向「多元性」的表現，開放各種藝術流派與主義來爲都市詩服務。因爲都市的存在是多元性的，價値觀也是多元性的。

㈡都市詩不能不偏向「現場感」的表現，而對現代人生活在都市中，生命與精神活動的實態，即實覺實感與實境，予以切實有效的傳眞與揭發。否則，對讀者會產生疏離感與失去強有力的實感。

㈢都市詩的語言，不能不偏向生活化與「行動性」。因爲都市詩不斷展現的高科技的物質文明，帶來至爲尖銳與急劇的「變化」與「存在」，導致一切進入快速的運轉狀況。這便一方面使詩語言活動的呼吸系統與脈動進行新的調整，產生新的節奏感；同時，詩語言的造型與活動空間，也必有新的展現並出現新的狀況。

從以上三點可看出，都市詩比別的詩體更有利於強調「前衛性」與「創新性」。因爲作爲都市詩的主要表現對象都市，一直處在科技與物質文明進步力量冲擊的第一線，是其最先的受益者。而都市詩人面對日新月異的景象怎能不以其具有突破性的「前衛性」和「創新性」的藝術表現技巧與語言去再現它呢！

羅門的這些看法，正是他長期進行都市詩創作的經驗總結和概括，它對學術界探討都市詩創作如何兼顧各種藝術流派與主義，如何使都市詩達到思想性與藝術性的統一，有著重要的參考價值和借鑑意義。

羅門的都市詩理論之所以有說服力，是因爲它是建立在自己紮實的創作實踐基礎之上的。爲了使都市詩更好地抓住都市文明的發展動向，更具有現代感，他曾結合自己的創作舉了許多生動的例子。比如李白寫「黃河之水天上來」，都市詩寫「咖啡將你沖入最寂寞的下午」；古人寫「相思黃葉落」，羅門在現代詩中寫：「一呼吸／花紅葉綠／天藍山青」；古人寫「行到　水窮處／坐看雲起時」，羅門在現代詩中寫：「海握著浪刀／一路雕過去，把水平線越雕越細」；柳宗元寫：「孤舟蓑笠翁／獨釣寒江雪」，羅門在《流浪人》中寫：「他帶著自己的影子／朝自己的鞋聲走去／一顆星也在很遠裡帶著天空在走」……由這些例子的對照，可見羅門在論詩時特別強調現代感，這看起來偏於西化，其實並非如此，羅門一直強調人本精神與心靈世界，仍與中國傳統文化及中國傳統詩詞的靈運空間有密切的關係。只不過羅門認爲，古代田園詩人接觸的多是田父野老之輩，議論的多是桑麻種植之事，看到的多是一望無垠的曠野，所以他們描寫的多爲綠樹掩映的茅舍草屋，所創造的多爲「悠然見南山」那樣閑適寧靜的世界。而在二十世紀八〇年代，鋼鐵的都市以它圍攏過來的高樓大廈，把遼闊的天空與原野吃掉，人類的視覺、聽覺跟著都市文明的外在世界在急劇地變動與反應，現實的利害又死死抓住人們的慾望與思考不放。在這種情況下，勢必加強對都市負面作用的批判。在批判時，可運用藝術大師畢加索的觀念，將「對象」與「媒介」溶解，然後加以整合再現。這樣做難免有較多西化的痕迹（都市物質文明的外觀本身就較西化），但只要不搞純粹的橫的移植，而注意縱向的繼承，便可在精神的層面使現代詩與中國古典詩遙相呼應，使都市詩仍然打上鮮明的民族文化的烙印。羅門自己寫詩，正是這樣做的。有人不理解羅門所提倡的具有前衛性與創新性的現代精神意識，以至將羅門本人稱爲西化的「現代主義的急先鋒」⑤，這未免過分誇張。事實上，羅門既一貫反對詩人食古不化，淪爲中國古詩人的「書僮」，或淪爲古畫家的「隨從跟班」；同時也反對食洋不化，「淪爲西方人創作世界的『代理商』。」⑥

羅門對都市詩的理論探討前後貫穿了三十年。對這三十年，余光中的判定和觀察與羅門不盡相同，但他們都把都市詩視爲臺灣現代詩發展的一個重要階段，並確認都市詩是臺灣現代詩的新品種。這種共識的獲得，無疑和羅門對都市詩的提倡與探討分不開。在臺灣現代詩理論批評史上，人們將不會忘記羅門對都市詩學的建立所作出的貢獻。

【註釋】

① 羅門：《詩眼看世界·我兩項最基本的創作觀》，師大書苑有限公司一九八九年版。

②⑥ 陳慧樺：《羅門訪問專輯》，《心臟》詩刊第一二期。

③④《新詩學報》，一九九〇年第二期。

⑤見時報公司一九八〇年出版羅門詩集《曠野》的介紹。

（一九九二年「新東方」第九期）

作者：大陸評論家、作家、武漢中南財經大學教授

短評二篇

透過都市文明來追蹤人的生命

——略評臺灣詩人羅門的詩

王一桃

透過都市文明來追蹤人的生命，是羅門城市詩的主要內容，臺灣詩人辛鬱在評《窗》一詩時說：「在臺灣現代詩壇，羅門是重要詩人之一，並且是特別致力於現代人『心靈開發』的一個前衛詩人」，他的詩「特具一種現代人的浪漫氣息，特別是都市文明所顯現的那種多變的人爲的浪漫」，而「窗」，「實際上乃是詩人的第二雙眼睛——心靈」。詩人所見的「已不僅是第一自然中的物象，而是被心靈美化的事物本體，進而展現心靈時空的無限性與永恆的意義」。另一位詩人管管也指出：「羅門專著於心靈的探索，強調人的精神與生命」。在他的城市詩中，「批判機械文明而重視人性的眞誠與尊嚴」。詩人向明在羅門一首詩的按語說：「羅門這些年創作了不少『都市』詩，對造成心靈與精神貧血的萎靡都市文明，作了不少無奈的觀察和批判。」從本文所舉的大量例子完全可以說明「羅門是都市叢林中的狙擊手」，這個叢林中的毒蛇和猛獸，無一不成爲他狙擊的目標。

以各種藝術手法來表現都市與人的豐富內涵，則是羅門城市詩的形式特徵。由於強調藝術表現的多向性，使其作品豐富多姿，五彩繽紛；時而以景顯境，時而情景交融，時而透過抽象再現具象，時而用「比」、「象徵」、「超現實」等表現手法乃至電影、繪畫、雕刻、建築等藝術技巧來加以表現，這樣一來，在詩人筆下就有人和事物在時空活動的種種美感。詩人透過都市對「人」的追蹤，除了在現實之中，也可以上天人地，既有現實的場景，也有超越現實的內心場景。正如詩人所指出的「凡是能引起我們內心感知的生命都去追，不必只限定在某一個方位上去追；可把內心擴大到目視與靈視看見有人與生命的地方都去追；甚至那躲在克利線條與貝多芬音樂中的看不見的『生命』，也不放過去追。這樣才能徹底與全面性地達到詩與藝術永遠的企意」。從以下所分析的城市詩中即可看出羅門這種藝術表現的方向性。羅門在介紹他得意之作《傘》時就將這種多向性作了具體的剖析：「他靠著公寓的窗口／看雨中的傘／走成一個個／孤獨的世界」（現實中的實視空間）、「想起一大群人／每天從人潮滾滾的／公車與地下道／裹住自己躲回家／把門關上」（記憶中的實視空間）、「忽然間／公寓裡所有的住屋／全都往雨裡跑／直喊自己／也是傘」（超現實中的實視空間）「他愕然站住／把自己緊緊握成傘把／而只有天空是傘／雨在傘裡落／傘外無雨」（禪悟中的實視空間）。這四種空間由近及遠，由實入虛，由詩入禪，環環相扣，層層深入，充分表現了「現代人生活在現代都市與內心深處至爲嚴重的孤寂感」。可說是一個相當典型而又非常突出的例子。

在詩法上，羅門除了重視現代詩的語言和意象外，還特別強調現代詩的架構和句法。他提出「現代詩人應不斷探索詩語言新的性能」，即「現代感」、「貼近感」、「立體感」；「現代感」又含有創作的三大卓越性，即「創新性」、「前衛性」與「震撼性」。還認爲詩人應「面對世界與人類」「發出一己具『獨特性』與『驚異性』的聲音」，創造「更具行動化且快速地擊中現代人心感世界的著火點」之意象。他的詩「始終維持著一定的架構和句法，變的是他飛天入地的繽紛意象」。「他自稱他的創作風貌是一盞光度集中穩定的燈，光的放射面繁美，所有閃爍的光無論從上下左右前後都會直射過那無形奇異的焦點，放映出更爲明晰輝耀的面貌，以透露出詩人內在深厚的意欲」。由此可見他的詩儘管有繽紛的意象、豐富的比喻，但這些意象和比喻都由一個中心統攝住，通過外表參差不齊，實則有條不紊的句法來集中表達詩的主題。臺灣詩評家張健在談到羅門詩作時說，其「意象方面頗顯紛繁之態，唯主題凝聚」，羅青也說：「羅門是最近二十年來新詩人中，最善於製造比喻運用比喻的高手之一」，並認爲羅門「恰當新奇生動」的比喻「能夠把主題深刻挖掘出來，對詩想的建造與詩情的引發，都有決定性的貢獻和作用」。陳慧樺還說：「讀羅門的詩，常常會被他繽紛的意象，以及那種深沉的披蓋力量所懾罩住……不管在文字上、意象的構成上等等，羅門的詩，都是最具有個性的。」正是因爲這樣，他的詩才能成爲光度集中穩定、光彩明艷照人的藝術品。

意象繽紛和諭詞連鎖處理不當，很容易導致詩秩序混亂不知所云。羅門的詩就極少有這種弊病。他的詩「有諧和統一之情，復有起伏跌宕之景，而後完成一渾然之境」。試看《送早報者》：『昨日』沒有被斃掉／『昨日』坐印刷機偷渡回來了／那是在牛乳瓶的聲響之前／安娜還未游出臂灣之前／他的兩輪車衝在太陽的獨輪車之前／『昨日』像花園般地搬了回來／人們的眼睛擦亮成瓶子／等著插各色各樣的花／文明開的花，炸彈開的花／上帝愛看或不愛看的花」。早報主要刊登昨日的新聞，故詩人先抓「昨日」作文章，賦以其生動的形象。本來它是已逝的時間，但隨著早報的出現並「沒有被斃掉」；而是「坐印刷機偷渡回來了」。時間之早，在於別人送牛乳之前，在於人們仍甜睡未醒之前，在於太陽還未升出之前。而當人們醒後讀報，看著各種各樣新聞，「眼睛擦亮成瓶子」，「等著插各色各樣的花」：有現代科技文明的，也有戰場互相殘殺的；有上帝喜聞樂見的，也有人們不感興趣的……其意象的繽紛，喻詞的連鎖，可說登峰造極，但其句法之井然，結構之嚴謹卻出人意外。無怪乎一致被人公認爲佳作。

（一九九四年一月廿六日大公報）

太陽與月亮

——羅門與蓉子

廣州花城出版社去年三月爲臺灣著名伉儷詩人羅門和蓉子出版的一本新詩合集，書名爲

《太陽與月亮》。太陽，乃羅門也；月亮，不言而喻是蓉子。早在一九六八年八月月臺灣美亞出版社就已出版了榮之穎的英譯本：《日月集》，將羅門和蓉子這伉儷詩人的詩作結晶翻譯出來，使之走向世界。而花城出書，也可說是將這伉儷詩人從臺灣引渡到大陸來，且內容更加豐富，形式更加多樣。更令人高興的是海南大學今年八月還召開「羅門、蓉子的文學世界」學術研討會，邀請海內外著名學者、詩人參加，並擬結集出版學術論文集。

羅門是海南文昌人，一九二八年生，年少到臺，在天上飛行時仍不忘地面的人生，並和繆斯結緣，且此生此世永不斷。蓉子和羅門同年出生，原籍江蘇，從小受教會家庭和學校薰陶，一九四九年二月考進交通部國際電台即調到臺北工作，次年開始寫詩，爲紀弦所賞識。眞是「有情人終成眷屬」，這一對詩人終於一九五五年並締良緣，喜筵前還舉行了婚禮朗誦會而被傳爲詩壇佳話。

十分有意思的是，這一對新人一同走過教堂的紅毯的時刻正是民國四十四年四月十四日星期四下午四時，從年、月、日、時乃至星期全都是「四」這一個數目字——對於香港的廣府人來說，「四」是令人忌諱的數目字，和「死」字諧音，但對於這對臺灣伉儷來說，「四」卻意味著「死心塌地」、「天長地久」，也就是「海枯石爛，永不變心」。世上就有這樣巧合到令人出乎意料、「大跌眼鏡」的事。

羅門和蓉子的結合，不只是形的結合，而且是神的結合；不只是生活上的結合，而且是詩的結合和藝術的結合。收在《太陽與月亮》裡的第一首詩就是羅門一九八三年寫的《詩的歲月——給蓉子》。詩中回顧了他們結婚以來二十八年的日日夜夜，從生命明麗的春走進燃燒的夏，從輝煌的秋步入溫馨的冬，一對詩的伉儷如何「踏著燈屋裡的燈光，走過詩的漫長的歲月」：當年的青鳥早已成化火鳳凰，眼前的天鵝正以「最後的一朵潔白」來點亮冬日。而兩人「相視的目光／都是流回四月的河水／都是寄回四月的詩。」（請注意：「四月」的含義，那是他倆結合的月份。「燈屋」則是他們在臺北泰順街菜市場隔壁公寓的四層樓上構築的一個詩和藝術相協調的世界。）

而蓉子，在《詩》中也寫道：「我們的繆斯有陽光的顏色／水的豐神／花的芬芳以及／鐘的無際迴響」；並說自己「從點到引發作永不中止的跋涉／」涉千山萬水 向您展示／無邊的視域與諸多的光影」。在《一隻鳥飛過》結尾還進一步唱道：「啊，我所認識的詩人是一蓬烟／是一握閃耀的星／一束無聲引燃的火柴／或／一枚黃澄澄的戒指——奈世人每爲那黃色所惑 辨不清金，銅。」然而，幾十年來，這對詩人始終沒有改變他們對詩的信仰。

羅門和蓉子永遠是相敬相愛，一往情深的。結婚的第二年，羅門在寫給蓉子一首詩中說：「注視維納斯石膏像的臉，我刻劃你的形象」；「傾聽蕭邦的鋼琴詩我跟縱你的足音」。「我雙手撩開你夜一般低垂的黑髮，盯住你美目流著的七色河上」——「我在年華中便永遠凝望著一幅不朽的畫，默唱著一支聖潔的歌，細續著一首絢麗的詩」。（《曙光》）到了結婚的三十周年，羅門情更深，意更切，他這樣唱道：「一聲晚／一聲早／日月已伴我們／走了三十年」，「三十年／是詩說的／就讓詩回頭來看／除了你每進廚房／忙來一臉傻笑／白晝與夜晚／都一頁頁／疊在《日月集》裡／疊高成時空的《燈屋》」（《給「青鳥」——蓉子》）。這一對詩人伉儷的愛情與創作生活，使人想起中國古代的趙明誠與李清照和外國近代的白郎寧夫婦，難怪他們會同獲「世界詩人學會」頒贈的「東亞傑出的中國勃朗寧夫婦」榮銜和第一屆世界詩人大會頒發的「第一文學伉儷」獎了。

有人說，沒有蓉子，就沒有羅門。蓉子對羅門的生平和創作實在太重要了。當然，羅門很早就飛行於藍天白雲之中，但他駕駛的是實實在在的銀鷹。蓉子盡管遲遲才起飛，但她卻以若幻若虛的「青鳥」之美姿，翱翔於萬里長空。《青鳥》這本出版於一九五三年的詩集奠定了蓉子在臺灣詩壇的地位：「這個蓄著短髮，純眞、美麗、圓圓面孔的少女，一瞬間便被人推舉了起來，造成那個年代裡，詩壇一盞美好的消息」，而更難得的是：在現代詩壇上，她是與那個起步同時開始的一抹異彩和馨香，一汪在「第一個春天就萌芽的泉水」。（《千曲無聲——蓉子》）在這本詩集的後記中，她談到她之所以「不自禁的要寫詩」，是因爲對生活的抑鬱，現實的愛憤和對未來的憧憬：「現實所給予我的，是人海無休的浪濤衝擊，善美人性的淪喪，物慾的囂張」，「腳底下又是不停的戰爭，驪別與逃亡」，而自己那「夢想的花朵，已一瓣凋落在僵硬的現實石板路上了」。很明顯，這一詩觀和羅門後來確立的《透過詩以目視與靈視探望與追蹤著『人』和生命」的詩觀毫無二致。羅門正是透過戰爭的苦難、透過都市文明與性、透過對死亡與時空的默想、透過對自我存在的默想、透過大自然的觀照、透過其他的生存情境去展開多方面追蹤「人」的生命的。請看他本人一九八四年的自白：「

還有蓉子二十多年來，成爲我生活的安定力，使我能全心的去面對詩與藝術，也不能不在此謝謝她。」

婚後幾年，蓉子的生活出現了內在和外在的雙重劇變。她在沉默中仍不改變其對於自我和藝術的忠誠，相反，經過反思默省，她後來的步子更堅實，詩作也更成熟了。特別是進了六十年代以後，其成就更是令人側面。余光中曾以自焚新生的「火鳳凰」來形容她，對她作了這樣的評價：「中國古典女子的嫻靜含蓄，職業婦女的繁忙，家庭主婦的責任感，加上日趨尖銳的現代詩的敏感，此四者加起來，形成了女詩人蓉子」，並稱譽她是當代詩壇「開得最久的菊花」。（《文藝生活》第二期、《婦友》第八十三期）如今，她已成爲臺灣詩壇「祖母輩的明星詩人」，仍在詩的「未言之門」前，「傾聽且耐心地守候」著（白萩），繼續醞釀她新的詩篇。

對於蓉子，羅門是愛戀得如膠似漆，形影不離的。尤其是一旦分手，這種情感更表現得淋漓盡致。一九六五年，蓉子以臺灣女作家三人代表團身份應邀赴韓，羅門便寫了一首《鳳凰鳥》相送，通篇以依依惜別之情極寫其目送鳳凰鳥的情景：先是把蓉子比作「此刻輝煌滿了我雙目」的「一隻鳳凰鳥」，接著說「你是我眼中的鳳凰鳥，還沒有飛到目之頂點」並寫一直目送她的「彩翅去華麗北國的天空」，最後則寫她漸飛漸遠，而「我的眼睛便永遠工作在你的眼睛裡／爲完成那種沒有距離的凝望」。進入八十年代後，隨著大陸開放，蓉子返鄉探親，羅門又寫了《中秋夜看月》，那種難捨難分之離情別緒，更是流露無邊：第一層寫三十多年來每逢中秋兩人總是「一同在燈屋的窗口看中秋月」，第二層對蓉子說今晚「你在離我千萬里外的故鄉看故鄉月」，第三層則寫燈屋裡的二十多盞燈因找不到女主人而不安，而我只好急著用雙目去叫月亮把蓉子化成我心中的榕樹，並期待月光將遠在千萬里外的蓉子「帶回燈屋的窗前」「同我與二十多盞燈在一起團圓」，感情眞摯而又深沉，詩人的那份天眞，那份執著，那份憧憬，連天上的明月也感動了，何況乎人？

（一九九三年九月十六日中國特區時報）

作者：詩人作家兼寫散文與評論

擁抱最美的生命

欣原

那是兩年前金光燦爛、瓜果飄香的秋天。

那是一個吉祥如意的洋溢著詩情的夢境。

年逾花甲的您，臉頰清瘦的您，終於風塵僕僕地從臺灣寶島飛回海南寶島來探索了。

哦，詩人！當您在望見了翠綠的椰林、絢麗的樓群和那麼多歡迎您的親友，從飛機的舷梯上匆匆地走下來的那一瞬間，看見您揮揚起興奮的手臂。

是的，歲月飛逝，海天茫茫。那時候，您才八歲呀！您是在日本侵略中國、家鄉遭到淪陷的苦難年代，帶著屈辱與悲憤，登上了擁擠的輪船，默默地告別了故土，開始了您漫長的流亡生涯。您考進了空軍幼年學校。抗戰勝利之後又攻讀過空軍飛行官學校。隨學校到了臺灣不久，您卻考進民航局，擔任民航工作，後迷上了貝多芬交響樂、蕭邦鋼琴曲，迷上了莎士比亞、海涅、歌德，迷上了具有永恒的美的藝術和文學。

因為，您發現：詩，創造了美的精神世界。擁抱詩，就是擁抱最美的生命。所以，您選擇了詩，要把人類心靈活動的聲音記錄下來。您並沒有忘卻您曾經熱愛過的飛行，飛行給您對詩歌創作的奧秘提供了非常有益的啓迪、生動形象的比擬和耐人尋味的創見。「詩，要有立體的空間，就像飛機要從地面上飛得起來」。「詩，應當給人們提供龐大的精神活動空間」。「詩人必須要有偉大的思想，用美感的心靈來接觸現實」。正由於您意識到詩人使命的崇高，路途的艱辛，您便決定要將整個生命都獻給詩，一輩子都要爲創造美、歌讚美而工作了。

也許，是您的抱負、您的才華深深地感動了愛神，她們才讓您遇見了美麗的蓉子，讓兩位詩人戀愛結婚，相敬如賓。並賜予你倆燃燒的靈感、創作的激情、幸福的愛情。

是的，您愛人生，您愛旅行。在半個多世紀中，您曾像海燕那樣迎著風雨、不知疲倦地飛翔。您遊歷過世界上許多美麗的國家，留下了許多難忘的印象，抒寫過許多感人的詩篇。但您對故鄉海南寶島的綠水青山、蕉風椰雨和闊別已久的純樸善良的長輩親友，始終夢繫魂繞，深切懷念，就像那月夜裡小提琴奏出的如泣如訴的弦音，飛越過雪亮雪亮的波浪，震撼著你游子的心靈，迴蕩在茫茫的海天之上……

是的，其實從地理位置來看，臺灣寶島與海南寶島之間，相距並不遙遠，甚至可以說十分貼近，而您卻默默地盼望了很久很久。

而今，盡管是「少小離家老大回」，辛酸與喜悅，遺憾與慶幸百感交集，不是夢境卻又勝似夢境，您畢竟是駕著彩雲，眞實地飛回來了！

哦，詩人！我完全能夠理解，您的握手爲什麼會如此有力。您有一雙閱歷豐富、銳敏深邃而又充滿著夢幻的眼睛、您很瘦，咖啡色的皮膚很有光澤，顴骨很高，蓄著高爾基式的鬍子，冷峻的嘴角邊有一絲苦澀而幽默的微笑。在您定神凝思的瞬間，我恍惚覺得您很像一尊青銅鑄成的雕塑。但事實上，您卻是一位感情豐富、十分容易激動、心靈總在燃燒、熱血總在沸騰的詩人。

是的，您是那樣地珍重鄉情與友情。就在大家歡迎您的歸來、爲您洗塵、向您祝酒的宴會上您眞誠的頻頻致謝。

哦，詩人！從五十年代以來，我曾經在祖國的許多城市參加過許多規模盛大、氣氛熱烈的詩歌朗誦晚會。有的不但邀請了著名的影星和話劇表演藝術家，而且還專門配置了旋律，優美的樂曲和立體聲的音響設備。當然，這些詩歌朗誦晚會都獲得了很好的效果、可喜的成功，受到了聽衆熱情的歡迎、由衷的喜愛。然而，我覺得作爲一個眞正的詩人在朗誦自己的作品時，還確實很少見到像您在朗誦您的長詩《麥利堅堡》時那樣的牽魂動情，從容不迫，親切自然、深入角色。儘管，您的國語（普通話）講得並不標準，南方的口音相當濃重，儘管，您的聲調並不高昂，相當輕柔，甚至有點沙啞、有點沉鬱。您自始至終都在背誦，背誦得竟能如此的流暢，如此的清晰，如此的純熟！您時而眯眼遙望，時而俯首凝思，讓飛翔的詩章留下片刻的沉默。您就像一位傑出的鋼琴家，全神貫注地演奏著一首悲壯的樂曲，表達著一個永恒的主題。您傾注了自己全部的熱情、全部的心血，爲悼念在第二次世界大戰中犧牲於太平洋里的七萬名美軍將士，悲憤地譴責了法西斯侵略戰爭的野蠻和殘酷，吶喊著當今世界上和平生活的來之不易，提醒人們要珍惜空氣、陽光、高山、大海、城市、鮮花、愛情、友誼，永遠也不要把昨天的災難與昨天的悲劇忘記！我知道您曾在馬尼拉召開的世界詩人大會上也朗誦過這首催人淚下、震撼人心的長詩，而且榮獲了菲律賓總統獎，成爲全世界所熟悉的優秀作品，全人類所公認的精神財富。由此，我似乎更眞切地理解了您所說的「擁抱詩，就是擁抱最美的生命」的深刻涵意。

是的，那個金色的秋天是美好而讓人難忘的。儘管來也匆匆，去也匆匆，您又帶著故鄉深情的祝願，從海南寶島飛回臺灣去了。

沒有多久，沈陽出版的《作家生活報》在頭版的顯要位置，發表了我所採寫的《臺灣詩人羅門在海南島講學探親》的航訊報導。

又過了沒有多久，您的老朋友、海南詩詞學會會長朱逸輝先生，在他精心主編的《海外瓊人詩選》中以卷首頭條的位置，選收了您的《第九日的底流》《車禍》《一把鑰匙》《山》《河》《逃》《麥利堅堡》等七首佳作。並滿腔熱情地鼓勵我爲這本難能可貴的很有分量的燃熾著鄉情、親情、友情的詩選撰寫了總序式的評論。鑑於對您在詩歌創作、詩歌美學、詩歌理論等多方面的卓越成就的敬重，我在評論文章的開頭部分，就用了較長的篇幅，將您的風雨旅程與文學生涯作了重點的介紹。去年秋天，《海外瓊人詩選》已由三環出版社出版問世，向海內外發行。今年春天，北京《文藝報》的「臺港澳及海外華人文學之頁」專版又轉載了我的那篇題爲《友情珍貴、鄉情永恒》的詩選評論。這本詩選和這篇評論，我還不知道您是否都已看到？如果還沒有看到，我可以郵寄給您。如果已經看到了，請您多多指教，提出寶貴的批評，我一定洗耳恭聽。

海內存知己，天涯若比鄰。

我在遠方殷切地盼望著拜讀您的新著！

祝您和尊夫人蓉子女士新年快樂！

珍重再見，尊敬的羅門先生！

（一九九一年三月十五日中國特區時報）

作者：欣原，上海作家協會專業作家

曠野的演出

——讀羅門詩集「曠野」

張愛華

詩集「曠野」所收集的詩作中，大多數是探討觀照都市文明的經驗。而羅門卻將書名取爲「曠野」，這對都市文明顯然是有著某種程度的諷刺性。

接著，由他作品中所呈現的也可看出羅門對曠野與都市文明間，所存抉擇的心態。我們可以說，「曠野」詩集即在對現代都市文明給予一種透過詩人情感的赤裸裸的呈露，同樣的，現代都市文明甚至「世界上有更迷惑你的東西存在（譬如金錢與官位）」也刺激他對生命，及生活層面的挑戰，這挑戰絕對是「專注與全面投入的意念」，更是一種力量，一種價值，在羅門遼濶的生命源力中激盪。

羅門對人性——或者說所謂的抉擇。這點注入於詩作上所表現出來的成就，不但繁富精彩，而且具有深廣的優點，得以「柔靜」，得以「劇奔」，無遠弗屆，收放自如。

「曠野」詩集中，表現現代都市文明種種困境的作品，頗爲可觀，如：「曠野」、「都市的旋律」、「咖啡廳」、「露背裝」、「咖啡情」、「瘦美人」、「迷你裙」、「餐廳」，甚至「夏威夷」等等多首，皆可看出羅門對都市文明所抱持的心態，以及作品語言技巧的運用，已相當深入。做爲一個生活在現代都市文明下的詩人，如果不能透視圍困在生命四周的種種時空，那麼要直接感動別人是十分不容易的。當然，詩人可以超現實地寫出許多「超現實」的作品來，但那又是否能眞正引導別人接受它，而造成特殊意義？現代都市文明的生活是令生命無奈的，似乎離開我們冥冥中所追求的心靈境界，是越來越遠了。然而，我們無法改變它，或者叫它稍稍放慢腳步，在這樣茫然驚心的情況下，詩人的心，勢必要比其它的人更爲敏銳，更能創造出完全貼切現代人的詩作來。

以「曠野」一詩爲例，我以爲羅門是以都市文明裏的一些社會型態現象來反照他嚮往大自然（心靈）的。在他的意念，曠野是屬於自然（理想），社會型態是屬於都市文明（現實），此二者是相對的。藉著對社會型態的觀照，羅門不願被污染被役使，不過，現實的存在令人失望，因爲「高樓大廈圍攏來／迫天空躲成天花板／迫你從印刷機上／縮影成那塊窗簾布／仍開花給窗看」，因爲「摩托車急成一根快鞭／鞭著衆獸在嘶鳴中奔動」所以詩人祇好試圖「把柔靜給雲／把躍動給劇奔的蹄聲／你隨天空濶過去／帶遙遠入寧靜」，在如此的心情下，詩人的心是孤寂的，是令人震驚的，它讓人感到在這樣的世界如果能保有「曠野」般遼濶包容的心態，是尙有一絲希望的。

在技巧上，羅門採用了很簡單化的層次方法，先展出曠野的情況：「是河便自己去流／是湖便自己停下來／是風景便自己去明麗／是晝夜便自己去明暗／時間不在鐘錶裏／天空不在鳥籠中／你遼濶的胸部／放在太陽的石磨下／磨出光的迴聲／花的香味／果的甜味」。這不單是情境，更是曠野的心態。所描寫的一切，都自然在曠野中生生不息，而成一幅美景。

接下來，羅門將情景一收，直接命中地寫出：「當第一根樁打下來／世界便順著你的裂痕／在紊亂的方向裏逃」使人一時感到窒然的心驚！在這裏的「第一根樁」，是「流彈」、「血」、「傷口」、「墳」、「鐵絲網」、「圍牆」，以及更繁雜的各種社會型態的表徵。於是所產生的結果是「鳥帶著天空／逃向水平線／人帶著護照／逃往邊界」，甚至是「送入上帝的花園」中。羅門之感覺到，都市文明如果遠離精神文明，就如曠野——這片原本有河湖花鳥，展示著四季演出的大自然被籠罩了許多陰影，世界豈有不顧著裂痕而逃的道理？

祇是羅門又進一步提出都市文明的困境：「喘息於油門與煞車之間／克勞酸喝得你好累／咖啡把你沖入最疲憊的下午／你的孤寂堆放在午夜的停車場上／當明天被早班公車司機一腳踩出油門／是你忙著找路／還是路忙著找你」。如果說克勞酸都越喝越累了，咖啡也越喝越令人疲憊了，那麼眞的是分不清「是你忙著找路／還是路忙著找你」了。這畢竟是今天常見的忙碌社會，誰又能脫離它不斷循環的過程呢？羅門將無奈的困境更發揮得淋漓盡緻，從整首詩看來，是點出了羅門自己，甚至是時下現代人對生活的嘆慨，作者旨在強調相對於心靈世界——曠野，物質文明的世界是那麼逼迫著我們的生活和生命，而形成心靈上無限龐巨的負荷！與「曠野」的美麗世界一比較，它是多麼卑陋，而令人不安！

可是，羅門緊接著又呈現出一幅理想中的景致來：「那縷煙／已把你的廣漠全告訴了遠方／把你的粗獷飄給最原始的溫柔／是風雨便同著方向走去／是日月便對著面走來／時序與季節緩緩換位」這樣的情景與前面的「是河便自己去流／是湖便自己停下來／是風景便自己去明麗／是晝夜便自己去明暗」同樣具有相互呼應的效果。在羅門表現人與自然及社會文明間的和諧與衝突上，可見他站在心靈追求生命的座標上，所做的努力。

因此，羅門在向精神困境提出探索時，他已得到心靈與生命上所預期追尋的理想！「曠野」一詩終於在技巧的收放照應之間，呈現出它的境界來，羅門在處理這首交織著生命脈動的長詩上，已能完全把握到它的蘊涵的遼濶，令人讀來深思不已。

當然，在同樣處理以都市文明爲題材的其它作品中，也有十分深刻，鞭僻入裏的表現。像寫人性在戰爭中的掙扎，如「板門店三十八度線」；寫生活層面的激發，如「地攤」、「拉圾車及老李」；寫死亡與歲月的交織，如「旅途感覺」、「車禍」、「中國現代藝術的護航者」；寫自我的審視，如「窗」、「悠然見南山」……等等，其作品涉及之廣度與深度，的確都溶入「曠野」這本詩集中了。總之，羅門喜歡以心靈中的生命力去觸動世界。

因此，羅門往往注入生命的力量於藝術意境中，祇有透過藝術的處理，作品才能獲得完整的效果。羅門的駕馭手法，尤其具有「動感」，儘管在大部份的詩作中，他運用許多排列式組合般的句子，但卻引人入勝，活潑生動，不失其原有的動感特質。這該歸功於對生活經驗的靈活觀察力，以及對文字運用的熟練。

正由於羅門對其他藝術也有相當的認識和修養，這正是羅門在「曠野」詩集中展現出多元化詩作的最大原因，亦是保持創作力最不可缺少的原動力。換句話說，羅門以各種不同藝術的審美角度和觀照，運用在自己的詩作上，而有意想不到的表現，使詩的境界具有獨創性，能有所突破！而煥發出多彩多姿的風貌。

（民國七十一年三月明道文藝）

作者：散文作家兼寫文藝評論

羅門的〈流浪人〉

俞兆平

關於非理性主義的詩，我想舉臺灣詩人羅門的《流浪人》爲例：

被海的遼闊整得好累的一條船在港裡／他用燈拴自己的影子在咖啡桌的旁邊／那是他隨身帶的一條動物／除了它／安娜近得比什麼都遠／　椅子與他坐成它與椅子／……他向樓梯取回鞋聲／　帶著隨身帶的那條動物／讓整條街只在他的腳下走著／一顆星也在很遠很遠裡帶著天空在走／　明天當第一扇百葉窗／將太陽拉成一把梯子／他不知往上走還是往下走。

客觀世界，乃至主體世界，一切都變形了，一切都蒙上一層荒誕怪異的暗影，一切都顫動著一種感傷、絕望的凄寂，一切都不是正常人的理性所能把握到的。

非理性主義並非是一個文藝流派，它是十九世紀以來的一股文學思潮的哲學底蘊。諸如達達主義、超現實主義、未來主義、神秘主義等等文藝流派，都可納入非理性主義的文藝思潮之內。《流浪人》一詩大致屬超現實主義的流派。按照法國詩人布列東的定義，超現實主義相信純粹的精神無意識活動，相信夢幻的無所不能，相信不帶道德、美學成見的思想活動，竭力把夢幻與現實這兩種矛盾的狀態化合成一種絕對的現實——超現實。（《現代西方文論選》一六九—一七二頁）《流浪人》即是接近這種追求的詩作。

被劫難重重的生活大海顚簸得、整累得幾乎垮掉的流浪人，來到了咖啡館，他孑然一身，形影相吊，身邊唯一親近的「生物」也還是自身的影子。在這一孤苦、碎裂的靈魂跟前，實在的世界失去了可靠性，幻覺的世界取得了眞實性；燈把影子拴在桌旁；酒吧女安娜與流浪人形體相挨，而兩顆靈魂卻間隔得無比遙遠；流浪人的自我像是分裂成兩個人，坐在椅上不是他，而是另一個似人非人的「它」；他不是踏響樓梯，而是向樓梯取回鞋聲；街道活動起來，在他腳下走著；星星帶著天空在走……是醉態朦朧，還是心態混亂？更多的成分應是後者。在後者的目光中，只有這顚倒的、模糊的、扭曲的、變態的夢幻中的現實才是符合被異化了的心理眞實。但是，如果詩人向我們展示的僅是這一堆雜亂無章、荒誕無稽的世界碎片的話，那麼這一首詩就不值得在此引證了。超現實主義者並不絕對否定理性的邏輯思維，布列東說：「我們仍然受邏輯支配」。所以《流浪人》一詩的空間移動與時間延伸還是合乎邏輯地構成一個整體。而且詩的最後一節，理性選擇已從幻覺中升起，「往上」還是「往下」呢？儘管上窮碧落、下抵黃泉，兩處皆茫茫，但潛意識的迷亂已上升爲理智的醒悟，而這才更令人痛心，詩的藝術力量正於此爆發。所以，非理性主義的詩作中也有不少有藝價值的作品。

（一九八七年十一月《福建文學》的〈詩歌流派的觀察視角〉）

作者：文學理論家、廈門大學教授

羅門：我的直觀印象

——永恆的詩人羅門是現實碑林裡的一朵奇葩

侯亨能

人類的歷史，從沒間斷地充滿了現實的痛苦和煩瑣。我們應以理想主義的詩心去憤世疾俗呢？還是以現實人的平常心去促進人類的繁榮與和平？

「二十一世紀，我爲什麼強調二十一世紀，因爲人性腐化了。」

「但是詩歌，我爲什麼強調詩歌，因爲詩歌表現了人類最美最高的東西，那裡邊有人類永恒的價值。」

「現代社會缺乏文化，因爲消化打敗了文化。都市生活沒有空靈，因爲空靈已變成了靈空。」

「二十一世紀，很多人用錢去買幸福與天堂的入門券。我想，詩歌方是通往天堂的最佳通行證與信用卡。」

羅門來了！朋友說他是世界一流的詩人，名氣很大。你一定要去聽他的演講。哦，世界一流，名氣大！而我卻連羅門的名字也沒聽過，眞個井底之蛙！

「這世界有許許多多的門，等著你去打開。花朵打開了春天的門，艷陽打開了夏天的門，果子和落葉打開了秋天的門，冰雪打開了冬天的門，泉水打開了山林的門，河流打開了曠野的門，大海打開了天地的門。」

「而詩歌，卻能打開心靈的門，智慧的門，生命的門，永恒的門。」

「你如果用詩的意境來生活、思想、創造，你的生命一定很美。」

羅門的華語，一口海南腔。詩的思路，氣充，勢險，節短。聽未及15分鐘，我已經感覺到一股力量，把我從銅臭味的現實世界，引進入另一個詩的境界：空靈、飛翔；高且美。我感覺到，也許我在幻想，我坐上了阿拉丁的神氈，遨游夜空，飛越一道又一道的門，越來越高，越來越遠，最後進入了羅門：「羅門，就是網羅所有的門」。羅門也偶有自嘲的幽默感。

「這個時代，人類追求物欲。腦電在放頻，身電也大放頻；但是，心電卻不放頻了，心枯萎了！機器打倒了人！我們應該把人的心放進機器，使機器也有人心！」

詩是理性最高境界

「我不太信宗教，我認爲詩是感性也是理性的最高境界，是一種純和美的追求，是自由人的必然階梯，無需什麼教條來唆使。」

「達賴喇嘛是一代宗師，他的境界高嗎？起初我也很尊敬他。可是，當他接受了捐獻五十萬美金介入現實之後，在我看來，他也不能完全的自人世超越，仍有牽制。」

聽羅門到此，可足見羅門的意境，已臻批評同級高人的妙境。

達賴喇嘛的宇宙覺悟到什麼地步，我也不知道。他是藏人的精神領導，是政治冒險家的棋子，是歷史的無奈，那倒是衆人皆知。他在「達賴喇嘛自傳」裡寫道：「在下僅是一介凡夫，一個不經意間走上僧徒的藏人。」也在同書裡說：「一九六五年九月一日，達賴喇嘛開始吃素，二十個月後得了嚴重的黃膽病，醫生診斷爲B型肝炎，並囑咐恢復吃肉。」從這裡，我倒很欣賞達賴喇嘛的坦白。他拿了五十萬美金，如果是給下屬作糧餉，免其受飢饉之災，我想那境界也算蠻高的了。

用詩心演譯人生觀

羅門朗誦其名詩「麥堅利堡」，堪爲一絕。其實他不是在朗詩，而是用詩的聲音來演繹他的人生觀，世界觀。他的那種深邃的，憤世疾俗的詩心，找到了戰爭的悲劇性主題來發揮。「麥堅利堡」的確是一首被他發揮的淋漓盡致的鬼哭神泣。這首詩贏得了很高的國際讚譽，產生了迴響。

「戰爭是人類生命與數千年來所面對的一個含有偉大悲劇性的主題。在戰爭中，人類往往必須以一隻手去握主『勝利』，『光榮』，『偉大』與『神聖』，又以另一隻手去握住滿掌的血，這確是使上帝既無法編導也不忍心去看的一幕悲劇。」

交流時間並不見多人發問。也許是被他那高於現實的遐思所驚愕了。我問：「人類的歷史，從沒間斷地充滿了現實的痛苦和煩瑣。依你的看法，我們應以理想主義的詩心去憤世疾俗呢？還是以現實人的平常心去促進人類的繁榮與和平？」羅門回答得有點朦朧：我在會後向他表白，我的問題是調皮一點，我也不曾期望有人給答個滿分。

羅門給我的印象，是滿身都是詩的細胞。他對詩的熱，近乎狂。他的一言一語，能叫汲汲於行的人們，嘎然而止，屏息；不得不想一想，我的下一步，要踏向前，向左、向右，或乾脆退後。

羅門，是現實碑林裡的一朵奇葩，因為稀少，所以珍貴。我到今天的驚悸與反思，也因見了他一面。

（一九九七年八月十八日南洋日報）

作者：文化工作者、南洋商報總經理

文章顯赫不愛浮名

朵　拉

羅門是因為追求髮妻蓉子才握筆賦詩，卻沒想到卻因此詩名大噪。

且讓我們先來看一看，在臺灣的文壇上，詩論家的眼中，羅門是怎麼樣的一個詩人？

青年詩人兼藝評家呂錦堂這樣評介羅門，「以銳敏的靈覺去從事藝術的探索，完成許多豐富人類心靈的詩作，其作品無論在深度，廣度與密度都十分完美。其詩作予吾人的印象是氣勢磅礴，富於陽剛之美，他將生命投入藝術，擁抱藝術，故作品有強烈的生命力……」

這位飲譽國際文壇的中國現代詩人，在中國現代詩壇上，無疑是風雲人物。他創造了自己獨特的聲音，每篇完成的作品，都有超卓的表現，被稱爲「重量級」詩人，並非過譽。

而這一位推動中國現代詩的健將——羅門，在他自己的眼中「詩是什麼呢？」

空軍傷腿變詩人

因寫詩而兩度獲得國際詩獎與菲律賓總統金牌獎以後，羅門對詩這樣詮釋著，「詩已日漸成爲我的宗教，成爲我向內在世界透視的明確之鏡，成爲我存在於世，專一且狂熱地追求與創造的一門屬於心靈的神秘的學問。此刻，我無論是仍一直愛上它或從此不愛它，都一樣是要感受到痛苦了——失去它，我將因此失去了一切在深處活動的焦點，而感到存在的茫然；同它相處，我則必須在醒覺中使自我同時空裏的種種阻力，發生面對面的抗衡，而我寧願愛上詩，接受這項能給人類從苦痛中換來『永恒性歡樂』。」

這是一顆「詩」的心靈的宣言，羅門曾經向自己指認：「如果沒有詩所引發的聯想力，使世界不斷向內擴展，如果沒有詩所給出的透視力，使世界深入且透明，如果沒有詩所產生的美感力，使世界沉醉，那麼人活著，眞的要被壓縮在卡夫卡所盯住的那個多麼冷酷且陰暗的焦點上：「人生出來，受盡苦，然後死掉。」」

對於羅門，是「詩」將這封閉的有限世界，打開一扇窗來，展現出一切存在美好的容貌與奧境。

那麼，是誰將羅門帶進了詩的世界？

是的，從小羅門就沒有立志要做一個詩人。雖然他一直爲一篇篇翻譯成中文的世界名詩所感動，但是他也愛強大曠遠而優美的古典音樂，同樣的他也不曾做過音樂家的夢。他的最大夢想是成爲一個遨遊廣漠蒼穹的飛行員，當他考進空軍飛行官校就讀時，那是多麼大的狂喜，然而，就在那一段輝煌而狂美的歲月裡，他卻不小心因踢足球而傷了腿，也一併踢破了他的夢。

飛行的夢成了碎片，他只好轉入民航局工作。而他對藝術與音樂的喜愛與嚮往之情，卻不曾稍減。一直到一九五四年他認識了早已聞名於臺灣詩壇的女詩人蓉子，他才展開了他的詩之追求，他爲蓉子開筆寫詩。

詩的力量，蓉子的光華以及他對蓉子的愛使羅門這三十多年來，放棄了一切物質享受，把自己獻給繆斯，這期間有不少詩人離開了繆斯，把自己投入現代文明物質享受的虎口中，但是，羅門對詩和藝術的純眞與專一正如他對妻子蓉子的愛一般，永恒而不朽。

在羅門三十多年的創作歷程中，詩爲他取得了許多他認爲是「意外」的榮譽，說是「意外」因爲他從來沒有想過得獎，他寫詩是因爲他認爲「再也沒有何種精神作業，較『詩』的力量更能發現與尋獲一切存在的永恒性及其純粹與完美的價值。」

寫了四年詩之後，他於一九五八年獲藍星詩選與中國詩聯會詩獎。一九六六年以一首「麥堅利堡」獲菲律賓總統金牌獎。一九六九年由五十多個國家在馬尼拉召開的第一屆世界詩人大會上，他與蓉子獲大會「第一文學伉儷」獎，並頒發菲總統大綬勳章。一九七〇年獲美國奧克立荷馬州州長頒榮譽公民獎。一九七三年又獲巴西哲學院頒榮譽學位。一九七六年於美國舉辦的世界詩人大會(第三屆)，與蓉子獲特別獎，並接受大會加冕以及美國之音記者之尋訪，一九七八年獲中華文化復興委員會「鼓吹中興」榮譽獎。一九八七年詩人節獲教育部頒發「詩教獎」一九八八年獲中國時報「推荐獎」(以上資料錄自臺北「心臟詩刊」第十三期。)

與羅門相處一個下午，他言談中有他的詩觀，他對於藝術的執著，他的人生哲理，對美的探索和發掘，至於他所得的大小獎，他一個字也沒提。

一般詩人完成一首詩，最希望能在雜誌或報紙上發表。那麼你是否聽過，把詩發表在國家的土地上？羅門就是臺灣第一個把詩發表在國家土地上的人，一九七一年，他以詩配合何恒雄雕塑家的雕塑，碑刻入臺北新生公園，是現代首次發表在國家土地上，一九七七年羅門再次以詩配合雕塑，碑刻入臺北動物園，爲現代詩第二次發表於國家土地上。還有就是他於一九七三年接受香港大學黃德偉教授邀請赴港做三場演講，並在中大文藝班與余光中，黃維樑教授主持現代詩座談。香港大學圖書館第一位設置「中國當代詩人羅門資料專櫃」。

臺灣詩人陳寧貴在「月湧大江流」一文中這樣寫著：「是羅門爲現代詩開拓出一條嶄新亮麗的大道。如果現代詩壇沒有羅門，那是多大的遺憾！」

這句話完全不是過譽。

才華橫溢，永遠對生命忠誠而渴求自省批判的詩人在詩中表現出他取之不盡，用之不窮的才情，還有他的前衛意識，創造精神以及深刻的觀察，三十多年來的孜孜不倦，終於讓他獲得了肯定的價值與永恒的迴聲。

（一九九三年三月十四日）

作者：馬來西亞名散文家、兼寫文藝批評

空酒瓶旁坐著的木然靈魂

——《流浪人》賞析

柳易冰

羅門，原名韓仁存，廣東人，是臺灣著名女詩人，蓉子的丈夫。有人說他詩中，經常可聽見血的聲音，都市詭妄的幻覺，同時也怵然看到現代人迷惘的表情。

他那首精小的《流浪人》深具代表性。

被海的遼闊整得好累的一條船在港裡／他用燈拴自己的影子在咖啡桌的旁邊／那是他隨身帶的一條動物／除了它安娜近得比什麼都遠／椅子與他坐成它與椅子／坐到長短針指出酒是一種路／空酒瓶是一座荒島／他向樓梯取回鞋聲／帶著隨身帶的那條動物／讓整條街只在他的腳下走著／一顆星也在很遠很遠裡／帶著天空在走／明天當第一扇百葉窗／將太陽拉成一把梯子／他不知往上走還是往下走

羅門詩中總是竭力避免平庸的敘述模式，調動陌生化、荒誕、不確定式的、甚至悖反邏輯的句法造成一種強烈的傾向的誇張，使你沿著他的詩流動走下去，從字縫裡感到震人的力度，在審美的感染同時，不得不被他多變的手法征服，怵住，又從表面不可能中得到信服。

他承接波特萊爾批工業社會給都市人帶來的精神空虛之傳統，又拓展至深的層面。

孤獨的船影不就是茫茫人海中流浪人的暗喻？把影子又說成「隨身帶的一條動物」卻是那樣合理。人被命運弄得困累不堪又和遼寬海天下的寂寞船身有了有機的聯繫。他在咖啡桌旁，他在酒瓶的荒島上，深感他的擁有，除了忠實如貓狗的身影外，光怪的燈光、繞愁的酒飲、甚至用金錢買來的陪酒女郎安娜的笑臉一樣都不屬他精神的慰藉，「近得比什麼都遠」，「空酒瓶」旁不過一具木訥的屍殼。坐成和無靈魂的椅子一樣，沿著衆人走完後的樓梯，「取回鞋聲」。那種恍惚的感覺只有用「街只在他的腳下走著」、星「帶著天空在走」的虛幻鏡頭。這裡非邏輯語滙將流浪人神志模糊雕刻得生動深刻、入木三分。而那部由百葉窗光柵組成的梯子，放在無家可歸的浪子前，上下浮沉的走向，不正成了象徵物嗎？茫然的抉擇不也成了詩人提出嚴肅的疑問，人類生存價值在迷茫的孤寂前進行的更深思索？

（一九九一年十二月二十一日華夏酒報）

作者：大陸詩人作家兼寫文藝評論

詩眼看世界

——專訪詩人羅門

林麗如

在文明塔尖起造精神之塔的羅門，
相信詩是一種屬於內在生命的美的學問，
它的力量可以把存在的一切
提昇到「美」的顛峰。

詩早已成了他的信仰

站在燈屋門外，我欣喜但也忐忑：欣喜的是，找到再訪燈屋的藉口；忐忑的是，時隔一年，智識未稍長的我會被羅門的「詩眼」識破。溫婉的蓉子還是那麼親切地爲我開門，她像見到老朋友般與我話家常，讓我彷若吃下一顆定心丸；熱情依舊的羅門捨不得浪費時間，我們很快地進入詩人的「第三自然」。

羅門曾稱一生有三好：駕飛機、踢足球、寫詩，前二者是他人生奠基階段最熱愛的生命型態與動力；而寫詩對他來說，不只是志業而已，早已成了他的宗教、他的信仰。他明白揭示：「詩已事實上成爲我解讀自我、人與世界存在最佳與絕對的力量，我也將同詩走完我的一生。」

羅門十四歲時離開故鄉，進入成都空軍幼年學校就讀，廿歲時進入杭州筧橋空軍飛行官校，之後隨校遷臺，一九五二年他考進民航局，一直服務到退休。學校時期的飛行訓練讓羅門體驗徜徉藍天的開闊，也放寬了他的胸襟，一直到現在他的詩藝創作都還有飛行的壯闊感。

燈屋是一首視覺詩

提到羅門，便不可能不提他一手造就出來的燈屋，燈屋內所有製燈的材料在外人眼中可能不值一顧，但當羅門的巧手賦予一盞盞燈之生命，那樣的組合會令人驚奇製燈者生命智慧的亮度與深度。

羅門說所有燈作對他而言最具意義的是那盞小有名氣的用籐椅製成的燈，羅門猶記他製作的動機：民國四十四年四月十四日，他與當時在詩壇已有名氣的蓉子結婚，他們在臺北長安東路一座禮拜堂舉行婚禮，當禮車駛近禮堂的刹那，他望見禮拜堂十字架尖頂放出的光，聯想到他們倆就像是朝著燈塔開進港內的一艘帆船。爲了銘記這意義非凡的一刻，他著手了這盞造型如燈塔的燈，花了一整天時間，把許多鋸好的木條，釘成具有層次美的方形木柱，然後架上一輪圓大的籐椅，高舉到天花板頂，再在籐椅內裝上幾盞明燈，這座形如燈塔的大燈，四十幾年來一直伴隨著他們，爲他們生活的航道照耀光明。

在燈屋形成的過程裡，有太多令羅門、蓉子難忘的事，他們曾分別在文章裡提起一件很有人情味的事：有一次羅門看到一個老人挑著花盆在叫賣，但一個都沒賣掉，爲了幫助老人早點做完生意回家，羅門索性買下所有同型的花盆，把近十個花盆疊成燈柱，這是一盞「同情之燈」；還有一次，詩人在中華路買了一些蒸籠回家，他用了這些蒸籠創作了一盞很詩意的螺旋型的燈，羅門說：「這些蒸籠要蒸的不是包子、餃子，而是一籠籠好看的燈光。」

隨著一盞盞燈的誕生，羅門在擺滿書刊的有限空間裡搭配不少的現代畫，以及各式各樣的立體製作，使得燈屋與主人自然融合成一幅立體畫，是那種動靜皆美、俯拾即是的藝術之美。尤其屋內以佔了大半面牆的莊喆油畫「窗」（羅門整首詩都在畫上），透顯詩畫一家的特色。羅門興致一來，面對著牆上的〈窗〉朗讀了起來，這首被寫詩也寫評論的賀少陽剖析爲現代禪詩的〈窗〉，在詩人抑揚頓挫的朗讀中，活生生向我襲擊而來──「猛力一推　竟被反鎖在走不出去透明裡」，一針見血刺痛現代人的悲哀。

羅門的空間藝術同樣是由廢棄物爲主要創作材料，他所架構出來的生活造型美感讓這些微不足道的材料頓時重生，在世間找到了更好的生存位置。羅門要的美感首先一定不能有匠氣，所以在燈屋內的每一件藝術品都是獨一無二、絕無僅有的。

羅門寫詩，但同時他也是燈屋的木工、水泥工、油漆工、電工、鐵工，他說自己動手做，不僅可以省錢，還具有每樣東西都經自己親手完成的意義。他常常一整天沉浸在工作中，經營他的藝術天地。他很堅持燈屋的整體美感，就如他堅持詩作的純粹同樣神聖，所以與燈屋不同基調的事事物物，無論如何是無法滲入的。

在精神層面，羅門點出燈屋造型兩個最基本的象徵意義：一是直展型，不斷以直線向頂端伸展——象徵人類不斷向上突破與超昇的精神狀態；二是螺旋型，以圓型不斷向上下迴旋——象徵人類心靈不斷向深遠與奧秘世界探索的精神狀態。在空間方面，他採用「包浩斯」的現代建築觀念，以繪畫、雕塑、建築三種視覺藝術架構成獨特的燈屋，整體看來，燈屋不僅是現代藝術的創作形態，也是一首可用眼睛來看的視覺詩。

詩的眼睛可以透視全人類的問題

羅門一提及創作概念，他所有的熱力便全都釋放出來，萬流歸宗，他所追求的就是一個「美」字。羅門堅信所有人類的智慧，包括哲學、科學、政治、歷史、宗教等思想，雖可豐富詩的思想，但不能美化詩的內容；在文明塔尖起造精神之塔的羅門，相信詩是一種屬於內在生命的美的學問，它的力量可以把存在的一切提昇到「美」的巔峰。

在時空坐標上，他把自己定位在置身整個宇宙，一心追尋人類存在的價值。他認爲現在太多的文學家、藝術家關懷的視野不夠大，若未能了解人生終極的價值觀，創作出來的東西充其量就是一般好的作品，不能成爲具有大思想與深度的美的藝術。他用一座山來比喻精神創作的分野：山有山頂、山腰、山腳，不同視野的人分別在其間，但他自己清楚所求，他要的是整座山，完整地包含各種內容的生命形態，但最尖端的精神世界是他所終極追求的。他最在意的是人類的生命思想，亟欲把所思所學，思想上、觀念上與體驗中所有美的事物轉化爲生命智慧，期與歲月與時空之輪對話。

羅門想以最快的速度解答人類發生的問題，所以他以詩來呈現人類存在的弔詭。他常用「詩眼」看問題，他覺得詩的眼睛是觀念、夢幻、狐疑三者皆備，可以透視全人類生命存在的問題。羅門說用詩眼來看，是因詩眼能穿透社會現象面，看到存在的實質眞相，他說詩眼有七觀：環視、注視、凝視、窺視、仰視、俯視、無視，「文學的最終價值是希望人類活在眞實中，做爲文學作家，怎能不維護眞實的存在與說眞話呢？」基於這個理念，他的詩眼無所不在，隨時向一切與世界探訪。

羅門寫過一首只有十二個字的短詩「天地線是宇宙最後的一根弦」，這首最短的詩有很長篇的後設附語，羅門說這些附語是採取詩、散文、哲思、評論等文藝性所混合成的一篇文章，若以後現代文類解構的觀念來看，它是一首詩、一篇散文、也是一篇對生命與時空存在進行探索與判視的論文，同時也是他構想中的一件地景藝術（Land Art）。附語內可見詩人感歎人的侷限，他說：「人從搖籃到墳墓的時間很短，睡覺就已死了三分之一，若又背離眞我活著，也等於是空白與死亡。」他質疑人究竟能眞實的活多少，感嘆之餘他正視人類存在的困境，深究人存在於深層世界中的奧秘與眞況之後告訴我們他的發現就是：「最後只有那條似有似無尙可見的天地線，留守在宇宙茫茫的時空中，在鳴響著生命存在的迴音。」

引領羅門的兩個推手

在羅門的創作版圖中，哲理佔有很大的區塊，是不是師承或心儀哪位大師呢？評論家鄭明娳教授曾在論文〈新詩一甲子〉指出羅門深受西方各種現代主義思潮及當代前衛藝術的影響，另一方面也掌握了東方人本主義文化的圓融與和平。羅門則自剖說東方哲學家他多少受了方東美先生的影響，至於西哲，他雖或多或少涉獵，但並無專一於哪位哪派，或許貝多芬的交響樂與尼采的超越思想多少曾影響過他。所以與其說他受了誰啓發，不如說他在自然中融貫所有思想，經過匯集、整理、消化成他獨道的「羅家」思想，既獨樹一幟，卻也別具風格。羅門很清楚地為自己下了個短評：「我便一直是我自己，在詩的國度裡一直強調自己詩的理想空間、詩的語言形態、詩的思路與理念以及開放的視野，並明顯的烙上一己的標記與凸現個人的風格。」

引領羅門性情從奔放、浪漫轉入內心寧靜境界的有兩個重要的推手：一個就是他生活上的伴侶——詩人蓉子，另一個是樂聖貝多芬。在現實上，蓉子激發了羅門生平的第一首詩〈加力布露斯〉，她在生活上給與他平靜的生活，使他有充份的自由去創作；在內在生命深層世界，給他影響與激發力最大的則是貝多芬，他自認從樂聖的音樂得到了「美」與「力」兩樣最寶貴的內在生命資源。

羅門認為貝多芬音樂中的「美」神，帶有強大的生命動力，也可說是近乎一種令人嚮往的「宗教」情懷，他曾在文章內提及貝多芬的〈英雄交響曲〉與〈命運交響曲〉帶領人類激越的生命，突破存在層層的阻力，但終於在〈第九交響曲〉中被抑壓下來，使所有聆聽者都謙和與虔誠的流露出「宗教」性的神情。

若說貝多芬帶動羅門生命美的力量，方東美的思想化入羅門生命感受，那麼飛行無疑讓羅門體驗到生命與宇宙大自然的融合，凡此種種激盪出來的生命形態，竟跨出了冰山底下的世界，但卻又顯得不彰揚。生命哲學化的羅門秉此從事詩作、理論、生活，從一而終。

在都市裡簡樸一生

羅門的〈麥堅利堡〉被譽爲偉大之作，於一九六六年獲頒菲律賓總統金牌獎，相關的評論文章不斷問世，一九九五年由文史哲出版的「羅門創作大系」便獨立出麥堅利堡特輯，收錄海內外有關評論、迴響及介紹詩人創作心路，對全詩的寫讀做了完整的保存。

大陸文學批評家王德領曾說〈麥堅利堡〉在現代漢詩寫戰爭的詩作中堪稱里程碑；劉夢溪也說，在羅門的詩面前，人類變得渺小：「戰爭都哭了 偉大它爲什麼不笑」，面對佳譽不斷，甚至影響迄今的「麥堅利堡現象」，羅門半開玩笑地說：「這有點像前陣子流行的蛋塔現象，一個人說好，其他的人也受感染，可能是同一個題材目前爲止是這首寫得較好，但不代表這是我最好的作品。」他說自己最喜歡的詩作其實是一九六〇年創作的〈第九日的底流〉。此詩曾引發研究生張艾弓經過二年多研究羅門內心整個創作世界獲碩士學位。

鄭明娳教授說〈第九日的底流〉是羅門詩作的躍升期，具有成熟思想家的形貌，也是羅門第一次大規模製作以死亡與心靈爲主題的詩篇。全詩援用了「圓」、「塔」及「河流」三大造型來進行內在世界的層層探索，〈第九日的底流〉架構了羅門式的心靈世界，詩前的一段文字：「不安似海的貝多芬伴第九交響樂長眠地下，我在地上張目活著，除了這種顫慄性的美，還有什麼能到永恆那裡去。」清楚闡述了他與貝多芬生命基調的吻合。

除了戰爭詩、死亡詩，羅門更是都市詩的寫手，他對現代物質過度文明帶來的負面現象所做的批判一直不斷，爲了追求終極人文精神、賦予眞正豐富的生命，他甚至身體力行，自民航局提前退休，放棄物質較好的生活，選擇詩與藝術。鄭明娳教授認爲羅門的都市詩，縱貫了將近三十年歲月，從〈都市之死〉到〈麥當勞午餐時間〉，他的觀點愈能與時代同步，在都市的原點上既可回顧歷史，又能探測未來。對都市文明快速變質的看法，羅門不是閉門造車，像速食店、卡拉**OK**與都市鬧區等現代人脫不開的生活範圍，他也親身去體驗過才化筆爲詩。

羅門常常強調詩是立體的而非平面的，臺灣目前的網路文學已漸成形，但羅門早在廿八年前在〈藍星〉年刊上提出用電影寫詩的構想，二者不同之處只是在傳達作業中網路是以更快、更直接的方式快遞，基本上的創作形態都是強調文字以外的媒介，偏重於影像進行創作。足見羅門在詩領域中的前衛意識，積極在已創建的世界中持續種種可能性的探索與努力。

精神尖塔的追求

最近幾年羅門活躍文壇活動，不僅兩岸分別舉辦羅門、蓉子詩的研討會，臺灣在一九九五年由文史哲出版了「羅門創作大系」十卷，大陸則由北京中國社會科學出版社出版「羅門、蓉子創作系列」八卷。一九九七年羅門更先後受邀參加華盛頓時報基金會與國際文化基金會在華盛頓舉行的「二十一世紀亞洲國際文學會議」、「二十一世紀西方國際文學會議」、「二十一世紀世界和平文學會議」等三個國際文學會議。

羅門的整體成績計有：著作詩集十三種、論文集五種，作品並分別入選英、法、瑞典、南斯拉夫、羅馬尼亞、日、韓等外文詩選與中文版「中國當代十大詩人選集」等近一百種詩選集。創作受到國內外著名學人、評論家及詩人迴響，評介文章已近百萬字、有六本專論羅門詩著作。有兩位研究生研究羅門獲碩士學位。羅門的作品也分別碑刻入臺北新生公園（一九八二年）、臺北動物園（一九八八年）、彰化市區廣場（一九九二年）及彰化火車站廣場（一九九六年）。

即使如此，羅門仍然毫不懈怠持續創作。今年底他有兩項具體的出版計畫：一是「羅門半世紀詩選」，二是「存在終極價值的追索」，這兩本書對他而言確具有相當意義，在廿世紀即將結束、迎接廿一世紀之際，他打算以兩書為自己的文學工作做個概觀，並對他的詩創作觀、藝術空間等工作都有重新整理的意義，目前這兩本書的手稿已接近尾聲。

努力、用心的詩人，交出這麼多漂亮的文學成績，相信詩人心裡明白：縱使他終其一生追求精神的尖塔，但有這麼多的讀者、專家期待詩人的每一張成績，我多想大聲地對詩人說：「你是不會寂寞的！」

（一九九九年六月文訊雜誌）

作者：散文與專欄作家、兼寫文藝評論

詩人的心靈世界

——蕭蕭VS·羅門

時　間：一九九四年九月十九日
地　點：誠品書店敦南館
主持人：向明
主講人：蕭蕭·羅門
記　錄：盧炳堯

詩具有強大力量

蕭：一九九三年八月份，大陸海南大學，曾有一場學術研討會。此會網羅大陸、香港、新加坡、臺灣的重要詩評論者，對於羅門與蓉子的詩創作做深入研討。在近三、四十年來，臺灣沒有做過類似的事，在大陸也算是首開先例，可見在港、臺、大陸、新加坡等這樣的幾個地方很重視羅門在詩藝上的成就。那麼現在就請羅門先生報告一下這次研討會原始的構想，會議兩天的情況，以及會後你的感想。

羅：這次研討會在大陸海南大學舉行，主要是因爲我一九八八年曾到海大演講，並贈送我與蓉子的著作給該校圖書館，海大文學院院長與她的夫人，都是研究文學的，他們花兩年多功夫，寫了一本專論我與蓉子的書，接著又花一年多的時間，籌辦這個研討會，邀請六十多位包括臺灣、大陸、美國、香港、新加坡，等地知名的詩人作家以及學者、教授、批評家參加，共有三十六篇論文（已結集成書）研討我與蓉子的創作世界，在座的蕭蕭先生也寫有大文，至於這個會，大致上還辦得有內容、認眞與嚴肅。我與蓉子寫了四十年的詩，能開這樣一個具有學術性的研討會，又同時討論一對夫婦詩人，可說是在臺灣與大陸，乃至在國外所少見，我們的確感到一份榮幸與欣慰，也給我們留下相當深的印象，我想就作這樣大致的回答。

接下來，在沒有對談之前，我想先說一些話，我認爲今天與蕭蕭先生對談的話題，不單是詩本身的問題，而更是涉及有關生命存在的問題。

四十年來，我利用文字符號來追蹤生命與所有的事物，透過生命存在幾個重要的主題——包括自我生存時空、戰爭、死亡、都市文明與大自然等，給予我們人類存在的思想與價值觀的衝擊，我發現到詩確實有一種相當強大與永久的力量，在人的心靈中永遠地作用與引起震撼，我們知道，打拳擊，雖然從書本學打拳的拳路，非常重要；但從拳中打出眞正強大的生命實力，更爲重要。不然，打的都只是好看的空拳與花拳，甚至根本上不了眞正的拳擊場（做教練可以）。因詩是創造「生命」的感動人的思想，不是製造智識的；當然詩不能沒有智識與學問的助力——包括哲學與美學上乃至其他學問的思考，尤其是藝術表現的技巧與形式。同時我發現，所有的藝術家，他們創作的世界，都不能不潛藏有詩（POETRY）非一首詩（POEM）的生命；詩甚至已是所有藝術家，包括文學家、大導演、大雕塑家、大音樂家乃至科學家與宗教家的眼睛，以致使他們有最佳的靈視去看見世界上最精彩、最奧秘、最美乃至永恒的東西。

四十年來，詩使我眞正的找到眞實的生命，使我內心有覺知與感動；詩與藝術幾乎已是我的宗教。像很多科學家，最後終於把他們腦的思維世界，都虔誠的轉向宗教的情境。一個詩人，縱然在不夠理想的現實世界中，常面對許多荒謬與無力感的事，可是我絕不會放棄詩，因爲在人類思想的尖端與底層世界，永遠有一個聲音，來自「詩」的無限的美的鳴響，而使生命與永恒的感覺，一直保持有連線。

在我四十年來，這一嚴肅、多少帶有悲劇性的創作心靈歷程中，蕭蕭與不少知名批評家，寫了有深度的批評，對我的確有激勵作用，給我創作生命在時間的流程上也有了回響。

心靈世界與第三自然

蕭：我們知道羅門最喜歡講心靈，一般朋友都說你是心靈大學的校長。爲什麼有這種稱呼？

羅：這個稱呼，是廿年前有一次「詩」季刊主編也是藝專文藝社社長林興華請我到他學校去演講，在海報上寫「歡迎心靈大學校長——羅門蒞校演講」傳開來的。後來我無論在談話或寫詩論，都一直強調「心靈」世界，是所有詩人與藝術家的「家」。我覺得即使是詩與藝術在創作過程中，也特別借重腦思維世界的知性與理性，以及身體感官世界的觸覺感應，但最後都必須交溶入心靈的美感世界，去使作品有著「美」的感人的力量，所以「心靈」是所有詩人與藝術家創作生命的「終點站」。

詩人在創作中，一直要把一個有限的、封閉的世界，用靈視來看成一個具有精神思想與美感的更爲無限與廣闊的空間。則對於埋藏中看不見的一切東西，便必須用心靈的靈視來追索與探視，雖然目前面對西方特別注重的科學思考力，在快速地與我們東方人偏向靈悟的世界對話，造成文化強大的衝擊，但當心靈世界通過西方理性思想的挑戰，形成生命全面交互作用與感動的時候，最後還是感動在人類心靈全面開放的世界裡，同時造物在我們的生命中，裝有三個電瓶，腦的電瓶、心靈的電瓶、官能的電瓶。現代人類爲什麼發生很多問題，就是因爲心靈的電瓶缺電，造成東方文化的空靈有變成靈空的現象。由於過度偏向腦的知性與科技的物質感，所形成的物架生存空間，變得很機械、很冷漠；取代了較偏於感悟與潤化的心靈空間，確造成人類精神思想有偏失的傾向與危機，事實上，不少西方人也已日漸發現到沒有美的心靈世界，是會使人的生命冷漠與空虛的。此刻我甚至認爲人類生存在第一自然——田園型生活空間與人爲第二自然——都市型的生活空間，到最後都必須轉化入詩人藝術家第三自然的心靈空間，方能把人類存在的有限空間變成無限的、寬廣的與美感的生命空間。的確此世界是不能用科學家的X＋Y來計算的，仍有待詩人的心靈來感知。的確人類的生存，在通過科學所證明的世界，還是要回到內心世界去同宇宙與大自然進行無限的對話；並使用東方直觀的、通觀的與統化的靈視，把所有存在的事物與思想意識都全部交感、轉化、昇華成爲無限的生命，並達到湯恩比所講的：進入宇宙之中、之後、之外的一種永遠的眞實的存在。這便也是我們人類的智慧，必須體識與理會的存在。所以我認爲詩人也必須用這樣的心靈來思考，而「心靈」世界也就是我後來一再強調的「第三自然」——在「第一」與「第二」自然兩大生存現實空間之外，所向內開拓的一個更爲廣闊自由與眞實的、美的心靈空間——詩與藝術的活動主要空間。

蕭：剛才提到心靈，羅門最後的結論是心靈爲第三自然。這是我想請教的問題：在你的詩論裏，一再強調詩人與藝術家創造了「第三自然」。在座的各位一定很有興趣想了解「第三自然」。

羅：關於「第三自然」問題，在我論文集中有專題的論談，在這裡只扼要說明一下：我們面對外界的實際生活空間有兩個——一個是「田園型」的，偏於大自然山水田野的生活景觀，未受到科技與都市文明的影響；一個是偏向人爲「都市型」，不同於「田園型的」。詩人面對田園型的「第一自然」空間的景物，如雲鳥、綠野、樹木、河流、山峯、太陽，與面對第二自然的飛機、街景、馬路、高速公路、高樓大廈、電燈光……等的景象，感覺是有異的，在都市生活裏，感官的狀態、觀察事物的態度、新的美感經驗以及價值的判斷，都在改變著詩人過去的心理狀況與思考的情境，尤其是都市文明帶來物慾與性慾過度泛濫的情形，對人性與靈性造成重大的衝擊與傷害，創作者也不能躲避，只能採取指控與批判的態度，可見第三自然的內心空間是詩人不斷同第一自然與第二自然在不同時空中對話，所引發出新的生命景觀的存在與活動之境。

蕭：換句話說，第一自然是你願意去親近的；第二自然是你批判的，那麼希望通過這兩個，創造第三自然。在你的創作，我們發現描寫都市的作品非常多，但是描寫大自然山河景色的不是很多。是什麼原因？

羅：首先我要特別聲明，我從未特別偏愛過「第一」或「第二」自然，它倆都是人類必須生存的空間。我也一直強調，人必須擁抱物質文明所展開的繁華面，但我反對人被物化成爲被物質放逐的文明動物，甚至變成劣質化的空洞的人。我強調人必須而且不能不生活在「田園」型與「都市型」的兩大生存空間中，若我批判，必是批判它所呈現的負面，因爲存在對於我來說，一直是不斷的選擇與批判。至於說我寫第一自然景象的詩不多，是由於都市的生活環境，建築物圍過來把天空與原野吃掉了，大自然的花樹縮小在盆景裡，張開眼睛，都是塞車的街景、樓房、廣告；於是潛意識的直覺與直感，便都是很自然抓住都市的「現場」感，進行與內外的存在實情、實景對話。故大量寫都市詩是自然的，即使我寫自然詩，也並非站在以往生活在田園不變的經驗層面來寫，我必須在躲不開「都市」——第二自然的生活經驗來寫。於是我無論寫海、河、山等自然景象，都同未住過大都市的詩人不會一樣，如語言活動的形態、速度與空間型構等，都顯有其特殊性。

譬如有一天早上，我站在高高的樓頂上，整個臺北市還沒有醒過來，還是很疲累地睡覺，所有的窗也是閉著眼睛，一點聲音都沒有。那時天很藍，遠山很青，旁邊有紅花綠葉，當時我根本來不及防備，便直接和自然對話，就寫下：「一呼吸，花紅葉綠、天藍山青」。但這和過去陶淵明的「採菊東籬下，悠然見南山」那非常平和、沒有經過都市文明衝擊的感覺，緩緩的進入大自然渾和的境界，是同中也有異的。譬如「一呼吸」這是有都市文明動態與動速的潛在意識所呈現的「行動」空間有關的語言；非寧靜田園在早上會突發的語態；接著「花紅葉綠」，同古典詩中「相思黃葉落」是有相近似的自動性的超實現思維的，至於「花紅葉綠」「天藍山青」，本是已用慣的常態也已呈惰性的語彙，但在此，語言已更生成活的語言，並重建起同大自然渾成的立體空間相互動的語境，表達我在都市文明壓抑下，舒放回到大自然的自由開放的心境。是同時同開朗自由的大自然脈動在一起的，此刻尚值得一提的，詩是從近景的花、到高景的天、到遠景的山，在夢太奇與極簡（MINIMAL）鏡頭的掃瞄中，穿連成全面的旋動空間，是較相思黃葉落的融合空間更凸現一可見的立體空間。接下再舉一個例子，當飛機送我們到雲上三萬呎的高空——一座藍色的玻璃大廈，世界空茫茫的，沒有東西可以留下來。如果沒有詩，那麼飛機裏面的人，有的看錶、有的抽煙、有的看報、有的喝飲料，都是封閉的現實動作，而我以詩同整個宇宙對話，面對茫茫的時空，世界就不同了。在雲底下，只有炮管、煙囪與十字架；在雲上茫茫一片，當我意識來不及防備，詩已抓住我說「問時間，春夏秋冬都不在；問空間，東南西北都跑掉，太空船能運回多少天空、多少渺茫。」在這裏面，就有很多的東西同創作心靈發生關係。也就是說，現代科技文明——飛機把我們帶到沒有山水的新的空間領域，是古人做夢也想不到的。像「江流天地外，山色有無中」，它仍有山有水，並沒有經過西方文明世界與科技的衝擊，可見此詩已展開了一個不同於古詩境的新的經驗空間。但是當我寫的時候，又立即可在心內同柳宗元通話。因柳宗元在一千年前寫「獨釣寒江雪」，是第一波在釣宇宙荒寒孤寂的感覺。而我是在不同的時空，被現代科技發明的飛機，帶進新的茫茫的時空，可說是第二波在釣宇宙新的荒寒與孤寂的感覺。在此又可見現代詩人，可在不同的時空中，用不同的藝術手法與表現，創造出同中有異於古詩的詩境。

的確詩是一種高度智慧的創造力，是人類心靈世界的事業，絕不只是文字遊戲；對戰爭、都市文明以及自我存在的種種精神狀況與境界等思考是重要與嚴肅的，而且同我此刻談的「內心第三自然」分不開。或者繼續說下去，我會超出話題了，但仍離不開我所強調的內心第三自然。

譬如當第二次世界大戰，將人類推進炸彈與炮彈的殺害裏；接著又送進現代機械文明冷漠的齒輪下，再次絞痛一次，使得現代人感到存在的荒謬無聊空虛與寂寞，於是傾向於物慾與性慾的發洩，便有人說，你們寫詩有什麼用，能夠救到人嗎？救不了！詩也很少有人看，詩豈不是死掉了？但我認爲詩永遠不會死，除非「心」死，詩對人來講，如果沒有詩，人類內在的眼睛，雖不全瞎，也會丟掉最美的看見。就是畫家、雕塑家、音樂家，都是要用詩的眼睛來看世界的，同樣的，詩人的思想與情感的活動，若也經過像莫札特、貝多芬的音樂予以美化，對詩境產生的美感與音樂性也是大有幫助的。

貝多芬的音樂太偉大了，他送給人類兩件最貴重的禮物：「美」和「力量」。將我們從複雜的人世、從機械文明從戰爭苦難層層的抑壓下全然解放到自由的「美」的無限世界，而感覺人內在生命，存存的尊嚴與榮華，都同「心靈」中的第三自然分不開。

有一年，紀念貝多芬的生日誕辰，我感動寫了一首長詩「第九日的底流」，長達百餘行，寫作時，我不停放貝多芬的第九交響樂。這首詩，是我創作的轉捩點，由早期的浪漫主義，轉變爲具象徵強烈色彩與帶有超現實精神的表現，無論題材、思想層面、精神空間、架構都呈現有所突破以及具前衛性與創新性。又寫此詩尚值得一提的是，除了不停放音樂，而且把屋內所有的窗簾放下，其他的燈都關掉。讓整個世界沉靜到心的「海底」裏去，一點聲音都沒有，讓「海底」發出聲音，使自己深沉的潛入生命的底層，把原本的「美」找到。

這首詩多少也流露著宗教性的情懷，例如貝多芬的英雄交響樂，帶著年輕的生命衝破一切阻力——像不斷燃燒的紅色火焰；海上奔湧的浪；而第九交響樂，則使激昂的一切，都被抑壓下來；紅色的生命火焰，也轉變爲穩定但熱度更高的藍色火焰；生命的浪面，也沉靜爲海底的潛流……使整個世界都轉向虔誠的宗教情境；心靈都溢滿嚮往與膜拜之情。可見這首詩的基本精神，是我內心對人類生命存在進行一種屬於靈悟的信奉與美的抒情工作。

同時也呈示我在詩創作中，對藝術的純粹性雖特別強調但絕不能純粹到把感動人的深入的思想抽離。

所以貝多芬的音樂對我的創作生命是有影響的，讓我面對世界與任何事物，都一直經過那美感的過濾網，並企求把握到一切存在的美的質感與力源，至於我喜歡貝多芬超過我也特別喜歡的莫札特，那是因在「華美」與「壯美」之間，我較偏愛往往帶有一些存在悲劇性的「壯美」，所以我也一再願意說：「貝多芬是我心靈的老管家」。

蕭：羅門先生是詩壇裏用詩的語言表達他理論的一位重要詩人。他剛才提到《第九日的底流》，就是第二本詩集。很多評者認爲此集從一般浪漫的抒情作品裏，提昇上來的重要轉捩點作品。剛才提到，這是在欣賞貝多芬音樂所創作出來。接著提到人生有許多悲劇，人類最大的悲劇應該是戰爭。我們看過你的作品裏，有不少以戰爭爲題材的詩。但大部份所描述的，是西洋的戰爭。那麼你會不會認爲西洋的戰爭，距離我們相當遙遠，爲什麼會受到感動。第二點，你有沒有想過，以中國的的古戰場作爲背景，創作詩；或者以臺灣近一百年來，也曾經發生過很多戰役，你會不會以此作爲背景，來創作了不起的詩？

羅：我必須把我基本的創作理念講出來。在沒有回答這個問題之前，先把思想空間作一個界定。記得這次我參加美國愛荷華大學舉辦一個由二十多個國家作家開的會議。其中有一個教授他是西方人，但他也喜歡中國的老莊、王維、李白，杜甫，可見世界上很多卓越與重要的東西，是開放給全人類的，於是我寫「戰爭」這一全人類都共同感到至爲痛苦的主題時，基於良知人道與同情心，我的確也可以被「麥堅利堡」與「板門店38度線」所引起的感動，來寫這兩首有關戰爭的詩，因爲我曾親自造訪過「麥堅利堡」與「板門店38度線」兩個地方。當然我也曾寫有關中國人陷在戰爭苦難中的詩，如我站在香港沙田遙望廣九鐵路，寫的〈遙望廣九鐵路〉長達二百行的長詩，以及〈火車牌手錶的幻影〉、〈漂水花〉、〈週末旅途事件〉、〈茶意〉、〈歲月的琴聲〉與站在金門寫的〈遙望大陸〉、……等詩，都是隱約的寫著國內戰爭所烙印下來的至爲悲痛的歷史投影。可見我是以開放與基於人道精神的創作心靈來面對「戰爭」這個主題的，譬如寫與外國戰爭有關的〈麥堅利堡〉、〈板門店38度線〉與寫同國內戰爭有關的〈遙望廣九鐵路〉，都同樣獲得國內外批評家的佳評，這也正是說寫同國人或同全人類有關的戰爭，都可以，主要是在能否感動人與寫得好，例如我寫所有的戰爭詩中的〈麥堅利堡〉，是寫外國戰爭，但對國內讀者的感應卻特別強，曾獲菲總統金牌與較高的評價。我想「麥」詩，主要在思想與精神層面上，我揭發了「戰爭」更深一層的涵義與悲劇性——那就是在戰爭中，人類往往用一隻手從戰爭中抓住勝利、光榮、偉大與神聖，但必須同時用另一隻手去抓住滿掌的血；戰爭確是人類存在最大的悲劇，上帝既不編劇本，不導演，也不看；而人類有時必須自己來編與導，來流著淚與血來看。於是我的戰爭詩，都幾乎流溢著深遠的人道精神；處在「血」與「偉大」的對視中。

至於有人曾問我爲何不寫二二八事變的詩。我想我同其他許多詩人一樣，因事變發生的時候，都尙未來臺灣，根本不知道情形，還是最近這些年來被報紙公開的揭發出來，多少知道一些，而其中也糾纏著有待清理的眞像，於是比較缺乏創作直接的現場感受。雖沒有寫，但對所有無辜的受難者，深表同情，是任誰都不會例外，何況是詩人。

死亡是生命的最大迴響

蕭：你還說過，生命最大的迴響，是碰上死亡才響的。你也處理過很多的死亡題材，好比說〈死亡之塔〉。請問在你實際的人生經驗裏，有沒有面對死亡的經驗？或者面對親人喪亡那種悲痛？爲什麼會選擇死亡作爲詩作重要的題材之一。

羅：關於「死亡」的經驗，我十二歲那年，中日戰爭，日機轟炸曲江，我從防空洞出來，看到滿地流血的屍體，恐怖的情景直到現在，仍深深留在記憶裡，對後來我在寫戰爭與死亡主題等詩，確有潛在的影響，當然我對死亡的體認，除了對肉體的死，有親眼看見的臨場感與經驗；此外，在對人整體存在的探索中，尙發現有內在生命與精神的死，那是由「詩」的透視力與想像力，所看到的。譬如在都市，常有綁架事件發生，大家都知道，但很少有人知道，我們一生出來，「死亡」的左右手——「時間」與「空間」，便一直從搖籃綁架我們到殯儀館。的確，時間的重疊、空間的阻力，都不斷迫使我們對死亡做深入的思考，那便不只是注意在人體的死亡方面。譬如說，這一秒鐘一過去，便看見人的生命在時鐘長短針的絞架上，被絞死；又如在都市裡，有人幻滅的死在酒瓶裏，死在安非他命裏，死在賓館裡……這也是一種死，一種更普遍的漫延的死法；又如有一次，美國大使莊萊德請我們一些詩人到官邸看田園詩人佛洛斯特影片，在移動的鏡頭與畫面上，看年輕的他，走過莊園，在蘋果樹下，蘋果紅紅的，他的臉也紅紅的。可是此刻，年老的他，再經過入冬的莊園時，紅葉凋落滿地，他滿頭白髮，腳步緩慢，只能被一個園丁扶著走，這種悲涼的情景，也是「死亡」在製作的。

基於上面對死亡的種種體認和體悟，我曾寫近三百行的長詩〈死亡之塔〉，開始動機，雖因詩人覃子豪之死引發，但整首詩的思想架構、發展、涵蓋面，是擴張與開放給全人類去對「死亡」這一生存的重大主題——被視爲人存在的最大困境，來進行沉思默想。結果是整首詩的思想，都降落在下面那些話所圍成的「死亡的深谷」裡：

在詩眼的盯視下，人類永遠不能不在下列生存的三個層次下，同死亡對話：

(1)於存在的第一層次裡，人活著，終於要被時空消滅掉（死亡）。

(2)於存在的第二層次裡，人被時空消滅（死亡）後，尚可設想從銅像、紀念館、百科全書與天堂復活過來。

(3)於存在的第三層次裡，他「死」了，銅像、紀念館、百科全書與天堂，安慰的是我們，太陽從那裡昇起來，他也搞不清楚了。

於是詩人里爾克寫出：「死亡是生命的成熟」；我也說出：「生命最大的回聲，是碰上死亡才響的」。這都可說是從「死亡的深谷」裡發出的回響。

由此可見「死亡」，是人類要以高度智慧來面對的問題，除了詩人與哲學家之外，宗教家更是如此。

蕭：那麼你認爲詩人面對死亡，和宗教家有什麼不同？

羅：當然不盡相同，因我是詩人，不是教徒，像基督教認爲人死後，可復活，我就表懷疑。我有時也到教堂作禮拜，但不是像教徒作禮拜，因爲他們有宗教的絕對信仰，根本不需要解釋，認爲人活在世上，生與死必須全部交給上帝，人的智慧與一切，都是上帝賜給的。於此，我就很難完全接受。但我深信詩與藝術「美」的符號，能帶動我們在超越與無限的「美」的感覺中，接近宗教的情境，所以有人講，詩人和藝術家，創造了另一個天堂，可和上帝的天堂爭光。但是我不完全同意，我認爲應是和上帝對照的，不是爭光。所以我認爲人從搖籃到墳墓，不必被一個絕對的信仰定下來；而是在永恆存在的追索中，把生命放進不斷創作的智慧中，去接近永恆存在的感覺。像貝多芬、莫札特音樂的聲音，和詩人詩中發出無形的聲音，都是把世界送到「美」與「永恆」的境界。他們聲音的道路同天堂的道路雖然不在同一線道，但會平行的向前。而且我甚至認為如果這個世界眞的有天堂，那麼詩與藝術創作的內在美感空間，就是造天堂最好的地段。如果，這個世界眞的有我們內心膜拜的上帝，則沿教徒胸前劃十字的道路走去，也可以，因為人相信宗教，心地善良，上帝也一定歡迎。但是我認為從音樂家、貝多芬、莫札特聲音的道路、從畫家與雕塑家米開蘭基羅，米羅、康尼摩爾、布朗庫斯……等藝術家視覺的道路，從詩人杜甫、李白、莎士比亞等詩人的心道，往上帝那裡去，我相信上帝更會高興，更歡迎，因為他們一路帶來世界上最美麗的風景。

蕭：接下來請問性的問題。

羅：性本身是很美的，我是從藝術「美」的角度來看，像西班牙藝術家烏爾古羅（H.Urcu Lo）就將女人的乳房溶入天空與山的美的形態，取代偉人銅像，塑造在廣場上，讓眾目讚美。

蕭：你的答案是美。但是我們看你的都市詩，性成為罪惡的代名詞。

羅：我的都市詩中，確對過度的物慾文明，使都市人日漸變為文明的動物甚至是獸，有偏於性氾濫的現象，壓制精神文明昇力與心靈形而上的活動，使生命有失衡狀況，予以諷嘲甚至指控與抨擊，那是因它導使人存在趨向空虛、幻滅淫亂的粗糙與劣質化的性生活。但我沒有預定「性」是罪惡的低俗的。我甚至會說，「性」有時也是人性中，最原始與最美的一部份，當性行為透過人性感情與愛的力量那應是較健康與美的。但像「狗」一樣動物性的亂交或縱慾亂淫，人類就不能不當心與不管了。

羅門暢論與洛夫的異同

蕭：回到詩壇。如果我們認爲你是當代臺灣最傑出的詩人，請問誰有資格與你等高，爲什麼？

羅：這問題，我實在難回答，即使你也認爲我傑出，但加上「最」字就難住我了。因爲詩壇上，特別傑出的詩人，也有好幾位。再提到「等高」兩字，又是一難，如果避開「最」與「等高」兩個字眼不談，我倒可以站在詩與藝術創作的純粹觀點來回答這個問題，但如果是考慮到詩壇上一直在游離不定的不可靠的現象，我就不會往下說了。在我四十年來全心投入詩與藝術，我覺得在創作上我與洛夫雖也有不同之處，但確有相當多相接近的地方，可以談：

1.彼此都顯然是直接以「生命（與心靈）」非以「文人」與「智識」的心思來寫詩，可說是都向「生命」與「藝術」作雙重投資的詩人。

2.都注重「意象」的重拳與爆發力、創作世界的「廣度」與「深度」，以及都寫長短詩。譬如我先後寫的〈第九日的底流〉、〈麥堅利堡〉、〈都市之死〉、〈死亡之塔〉、〈板門店38度線〉、〈觀海〉、〈曠野〉及近期的〈遙望廣九鐵路〉與〈大峽谷〉……等長詩以及〈流浪人〉、〈窗〉、〈山〉、〈馬中馬〉……等短詩。

洛夫先後寫的〈石室的死亡〉、〈石的巨變〉、〈雪崩〉、〈長恨歌〉、與近期寫的〈杜甫草堂〉……等長詩以及〈午夜削梨〉、〈白色之釀〉……等短詩。

3.都兼顧詩的「思想性」與「藝術性」的表現，各出版了十餘冊詩集。

㈣都同時透過詩創作的經驗與體認，以「詩人」非學者身份寫詩論。

我出版有五本論文集：

(1)《現代人的悲劇精神與現代詩人》

(2)《心靈訪問記》

(3)《長期受著審判的人》

(4)《時空的回聲》

(5)《詩眼看世界》

洛夫出版有四本論文：

(1)《詩人之鏡》

(2)《洛夫詩論選集》

(3)《孤寂中的回響》

(4)《詩的邊緣》

我論文中較凸現個人的特殊創作觀是：「第三自然螺旋型架構」的創作世界、及「都市詩論說」正面穿越現代都市文明之空間所強調的「現代感」與「多元性的藝術表現」。

洛夫論文中較凸現個人的特殊創作觀，是在強調與宣揚「詩的超現實主義精神表現」。

雖然在五、六十年代我寫〈第九日的底流〉、〈麥堅利堡〉、〈都市之死〉、〈死亡之塔〉與洛夫寫〈石室的死亡〉、〈石的巨變〉、〈雪崩〉時，由於當時彼此向內在生命探索的深入性與對詩的狂熱感，確有相當的共同性；基於率宜，洛夫曾來信說，我與他是「精神的孿生子」，但從創作的風格、詩觀與思想活動的空間、彼此仍顯示出同中有異的型構。尤其是在後期的發展，從我的〈大峽谷〉與洛夫的〈杜甫草堂〉來看，這兩首詩，除了彼此仍繼續向內在思想的深廣度探索，企求呈現較大較強的氣度與氣勢相同外，彼此創作的思維空間並不太一樣：

我是正面進入都市文明物質多元化的「物架」空間，去探索現代人從「田園」轉型到「都市」生活新的美感經驗世界與心境，以及以這樣的內心經驗，去重新同田園型的自然對話。視情形，採用多元（包括超現實、象徵、比、新寫實、投射與白描……等手法）表現，展開一個較接近「現代都市物質文明生活層面」的多元思維空間，因此我寫了不少「都市詩」，也寫了同大自然景觀對話的詩。

洛夫是站在都市與自然的鄰近處（非「都市」強烈的中心磁場），較偏向於由「自然」材質潛在屬性所引發的聯想與意象活動，因此有利於他避開現代都市文明多元化「物架」空間的層阻與壓制，而使他一貫使用的「超現實」，能得心應手的出招，在詩壇建立具有他個人傳統特色的傑出創作思維空間。

對於他與我的創作思維空間，依我一向以「天空容納鳥」的觀點來看，都應有存在的位置。我以「都市詩」意象，激化「現代詩」想像、思維與精神意識活動的「現代感」與「前衛性（新穎性）」，對於藝術表現慣用的各種技法，應是在其活動的型態與空間上，有新的異化與移變作用。我這樣說，是如果洛夫將「超現實」正面送進都市文明多元化物架空間的「當中」去「超」，情形會不一樣，其「超現實」呈現的活動空間、狀態與景象，將必有新的調整與呈露新的形勢，而有不同於洛夫一貫所援用的「超現實」表現情況出現。基於說明，我再舉兩位詩人創作的思維空間來做辯證。

譬如以寫「情緒」與自然山水情懷，至爲甜美迷人與動心的詩人鄭愁予，他因後來居住在世界都市文明中心的紐約，便不能不面對紐約所引發的思維空間，並且也自然與他以往幽美的內心空間對話，甚至出現爭議，而呈現鄭愁予近期新的創作思維空間與形態。

又譬如詩人周夢蝶，他一直保持著與現代都市文明有距離，他的語言與精神活動的空間，一直堅持著具有他個人傳統的特殊形態，也繼續維持他個人深沉獨特的創作精神境界。

我說上面的這些話，沒有做價值判斷，只是說出我與洛夫及至洛夫同鄭愁予與同夢蝶創作的思維空間都多少有不同的地方。這種不同便也形成不同的「詩感」。

5.我除寫詩外，也關心「現代詩」與其他現代視覺藝術在創作上的互動性；我曾寫不少畫評與參與多元媒體藝術展出（包括同尖端科學家舉辦的雷射藝展）；廿三年前（在藍星一九七一年年刊）發表以電影鏡頭寫詩的觀念，可謂是臺灣最早提出「視覺詩」與「錄影詩」觀念的；又自一九七四年（廿年前）在現在居住的泰順街八號四樓，我利用包浩斯觀念（以雕塑、建築與繪畫三種視覺力量）把整個住家，以裝置藝術納入具象、抽象、超現實、達達、歐普、普普、極簡、硬邊、環境、新造型、立體等多元藝術手法，所製作的「燈屋」生活造型空間，這件作品，可看成一首視覺詩。至於洛夫他除寫詩外，也參加過多元媒體藝術表現與視覺詩等展出，此外他也寫書法與舉行過書法展。

至於我也在此提其他的藝術，一是由於現代詩與其他的現代藝術，在創作的造型空間中，有不可忽視的往來情形。二是也說出我與洛夫有關在創作與藝術上的某些相同的愛好。

6. 都不停的寫了四十年以上的詩，顯示出對詩創作始終的執著與堅持。

7. 都有不少著名學者、作家、批評家寫相當多的評論文章。目前已出版有五本評論我的書；有兩本論洛夫的書。

我避開「最」與「等高」字眼，在上面談一些我與洛夫創作世界的異同性，倒是較沒有心理壓力，因爲我只是依實際與較客觀的情形，以坦率的態度來說，也不影響其他傑出詩人的存在。

蕭：如果未來歷史中，只可能流傳下一首詩，那麼你想你的衆多作品會是哪一首？

羅：這又是一個難回答的問題，因爲一個詩人在整個創作過程中，很難以一首詩來凸現他整體的存在；必定是以許多不同題材與不同的藝術表現，所寫的不少具有思想與美學理念雙重水準的作品，來整體呈現的。

蕭：要是只有一首呢？

羅：那我必須在〈第九日的底流〉、〈都市之死〉、〈觀海〉以及大陸批評家謝冕認爲較〈麥堅利堡〉更有進一步拓展的〈板門店38度線〉、〈時空奏鳴曲〉……與不少短詩中，去做割捨。最後是留下〈第九日的底流〉、〈麥堅利堡〉與〈時空奏鳴曲〉來做決選，如此則只好選我喜歡也得多數讀者有認同感的〈麥堅利堡〉了。但我個人畢竟是喜歡〈第九日的底流〉，他較能全面呈現我內心的生命世界。

蕭：朋友間戲稱你很會蓋，叫作羅蓋。現在給你一分鐘的時間，只能講三句話，來形容你這個人或詩。

羅：詩和藝術是我的最愛，因爲它是人類內在生命最美的內容，並使我體悟永恆與眞理的存在。

蕭：接下來把時間交給向明。

對「第三自然」的辯解

向明：各位讀者有什麼問題？

讀者：整個宇宙本身並沒有區分成什麼第一、第二、第三自然，只有一個東西。你要去分，它就分那麼多了，這只是就對象而分。事實上並沒有分別。

羅：我分第一自然第二自然，與第三自然等三個不同的存在空間，是基於創作上所體認的；第一自然是田園型的生活空間，第二自然是人爲的自然——都市型的生活空間。譬如人造鳥——飛機、鐵豬兒——火車、窗外的太陽落下去屋內日光燈的太陽昇起來……。顯然，都市的生活景觀，是不斷進步的物質文明世界，不斷激化與調度人們的「思維」與「想像」的體質；不同於田園型的生活情景。而「第三自然」，是以上已說的，便是詩人與藝術家將第一與第二自然兩個現實的生活空間，置入創作心靈中，轉化與提昇成爲內在世界精神與思想無限的活動空間。同時，我發覺這樣分，是非常理性與必須的，因爲如果沒有人爲的「第二自然」——「都市」——「物質文明進步的大櫥窗」，那裡會有「存在與變化」所帶來的新的視野、新的思維與前衛意識，而呈示「傳統」、「現代」與「後現代」等不同的創作形態。同時如果沒有內心的「第三自然」的存在，柳宗元詩中「獨釣寒江雪」的「雪」，既意不是指第一自然寒江裡的雪，也不是「第二自然」——都市冰箱裡的雪，讓我們到那裡去看「雪」——它所象徵的心中那無限荒寒的世界？

可見第三自然是詩人與藝術家創作心靈的住家，既有詩人與藝術家的存在，就不能沒有「第三自然」。

向明：各位還有什麼問題？

讀者：剛才詩人提到，以美爲道德中的道德。那麼在詩人的世界裏，除了美，是不是還有其他的道德？詩人又怎樣看待現在社會上的道德？

羅：詩和藝術把你的內心帶到一個「美」的世界時，就有一種無形的力量，在控制你整個心態活動進入道德的傾向。比如說你在看好詩、好畫與聽美的音樂時，心會去做惡與教人放火嗎？至於社會上的道德情形，的確大家都有些憂心，因爲在「金錢」與「勢利」主導的社會生存環境下；加上物慾與性慾極度氾濫的物質文明生活，使很多人失去價值觀；唯利是圖，不擇手段，已沒有道德標準。而且顯得非常冷漠無情。如果詩與藝術美的力量，不能普遍的進駐人心，這種劣象是不會有轉機的。目前青少年的犯罪率，也大大提高，但我仍相信眞正愛詩愛藝術、音樂與學鋼琴的小孩，不會學壞。

讀者：剛才說到學鋼琴的大人或小孩都不會變壞。但是這裏還是要區分一下實質和形式的差異。看看今天臺灣在豐衣足食之後，大概一般人家都會讓小孩子學鋼琴、小提琴各種的樂器，但是大家也很清楚，青少年的問題嚴重。比如我們那一代沒學過這些，不太有機會接觸。所以這在字面上是不是一個很大的問題。還有最近報章雜誌上有這樣的案例，小孩到親叔叔家裏過暑假，結果暑假完回家，發現小孩被叔叔強暴了。另外是媽媽和不滿十歲的小孩玩性的遊戲。也許這些都是特例，但是如此令人髮指的行爲怎麼會發生在臺灣，而我們今天學音樂、美術，是這樣地普遍。所以我想是不是要在實質上進入美，而不是形式上去學音樂、美術等。

羅：如果像你說沒有實質的進入詩和藝術，只是表面形式的，也就是等於沒有進入詩與藝術「美」的感動，故仍然會變壞。至於你提到性的淫亂情形，「都市」文明本來就是大量生產「物慾」與「性慾」，都市人大多已成爲文明的動物，只是把過去在荒野睡覺與吃飯的地方努力搬往希爾頓的餐廳與套房，加上現代人在都市裡，越來越空虛寂寞，而且偏於自私、粗暴，甚至像是被冷漠的機械文明追趕受傷的人獸，潛意識裡，使女人成爲男人的療養院；男人成爲女人的疹療所，能不引發性的氾濫，壓制精神文明的昇力？尤其在後現代倫理與道德失控，行爲更形任性與放縱，使得人更有藉口與順勢去從事純感官的性生活，於是同性戀與父姦女兒都出籠了，此刻詩與藝術創造的「美」，應是對改善目前劣質化的生活環境有助益的。

向明：請音樂家李泰祥先生也講幾句。

李泰祥：學藝術能夠使生活豐富。如果能夠更進一步地學習到透過學習的過程，去了解一個藝術家偉大的胸襟。有藝術家的胸懷，就能夠了解更美、更人性的事物。

向明：還有杜十三，你要不要講幾句話？

杜十三：剛剛羅門提到，美是道德中的道德，我簡單解釋一下。美是感動，感動就是救贖。

一個人感動一次就可以救贖一次。所以美是道德中的道德。

羅門先生是我們詩壇的前輩。請問蕭蕭剛才也提到的問題，羅門先生應該是欣賞第一自然，摒棄第二自然，起碼在第二自然裏不是感到那麼愉悅。可是你很少寫欣賞第一自然的詩，反而常寫批判第二自然的詩。這是不是在我們的現實世界裏存有互補的狀態。假如我們生長在溫暖且康樂的世界裏，也許來一點愁苦，我們的生活就多一點色彩，假如生活是貧苦的，反而會羨慕很小康的生活。就我自己的感覺，衝突引發我們心中的省思，這省思是寫詩的泉源，不知羅門先生有沒有同感？

第二問題是，假如今天有一個像羅門講的第一自然：花紅、葉綠、天藍、山青，在這樣很美的環境裏，不知道你還有沒有寫詩的衝動？

羅：或許由於我對「第二自然」——「都市過度的物質文明，導致人的生存空間過於偏向往形而下的物慾世界下沈，人形成吃喝玩樂的缺乏靈思的空洞生命，而我採取較強烈的批判，便可能誤解我有偏愛第一自然、厭惡「第二自然」的傾向。其實並不是如此。對於第一與第二自然兩大現實的生存空間，在上面我已說過都一樣的表示關注；甚至我與第二自然——「都市」相處與對談的時間反而特別多，而且我一再強調人存在必須擁有「內在」與「外在」的兩個「玻璃大廈」，外在的玻璃大廈當然是要靠都市物質文明的力量來建造；內在的玻璃大廈應是靠詩與藝術；然而詩的思維與想像空間，仍尚有賴都市提供新的資訊與激化力量。可見我之所以抨擊都市負面的生存狀況，是在喚醒人應站在都市文明的上面，不是被都市壓在下面，去成爲物質文明的奴隸，成爲物慾與性慾的純感官的文明動物，去過低俗與粗俗沒有人文精神的空虛與腐化的生活。其實我是以「天空容納鳥」包容各種生存情境的。我同時也可以都市生活的潛在心境，去重新同第一自然對話，使第一自然與第二自然都是我以詩與藝術的力量、將之導入我內心第三自然去關注審視與創作的有同等待遇的對象。的確，已很清楚，我對都市，有批判，是基於任何存在，都潛藏有其負面與盲點，其實在指責它時，也是相對的對它有了關心，圖使其偏失，有著警示性。所以詩人杜十三認爲「衝突引發我們心目中的省思，這省思是寫詩的泉源」，我頗有同感，也正是我面對都市「靈」與「肉」極端衝突時，使現代人陷在「性」的困境與物慾的荒地，成爲激發我寫不少都市詩的創作泉源。至於音樂家李泰祥與詩人杜十三，透明詩與藝術對「美」與「道德」的相關性，所表示的意見，可說都與我的論見相接近，甚至在本質上相同。

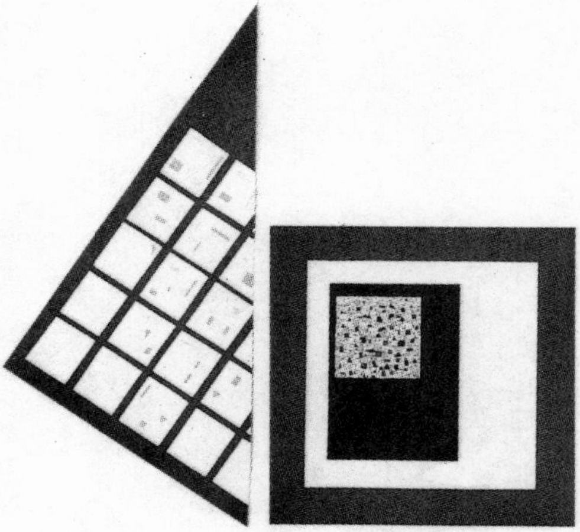

除了死亡，對人類最具威脅性的
是「美」；美是一切的內容，甚至
是構成上帝生命實質存在的
東西.
而詩人與藝術家的終生工作便
是「美」；將「美」拿掉，人與世界甚至
天堂也好看不到那裡去.

（羅門）

附：羅門研究檔案

I 羅門簡歷

一九二八年生，海南省文昌縣人。

空軍飛行官校肄業，美國民航中心畢業，考試院舉辦民航高級技術員考試及格，曾任民航局高級技術員，民航業務發展研究員。

●曾被名評論家在文章中稱爲「重量級詩人」、「大師級詩人」、「現代詩的守護神」、「戰爭詩的巨擘」、「都市詩之父」以及「知性派的思想型詩人」與「眞正的詩人」……。半世紀來，詩與藝術佔據了他整個生命，他不但建立自己獨特的創作風格；也提倡個人特殊創作的藝術美學理念：「第三自然螺旋型架構創作世界」。

●從事詩創作近半世紀，曾任藍星詩社社長、UPLI國際詩會榮譽會員、中國文協詩創作班主任、國家文藝獎評審委員、世界華文詩人協會會長、中國青年寫作協會值年常務監事、先後曾赴菲律賓、香港、大陸、泰國、馬來西亞與美國等地（或大學或文藝團體）發表有關詩的專題講演。

●一九五八年獲藍星詩獎與中國詩聯會詩獎。

●一九六五年「麥堅利堡」詩被UPLI國際詩組織譽爲世界偉大之作，頒發菲總統金牌。

●一九六九年同蓉子選派參加中國五人代表團，出席菲舉行第一屆世界詩人大會，仝獲大會「傑出文學伉儷獎」，頒發菲總統大綬勳章。

●一九六七年在美國奧克立荷馬州民航中心研習，獲州長頒發「榮譽公民狀」。

●一九七六年同蓉子應邀以貴賓參加美第三屆世界詩人大會，仝獲大會特別獎與接受加冕。

●一九七八年獲文復會「鼓吹中興」文化榮譽獎。

●一九八七年獲教育部「詩教獎」。

●一九八八年獲中國時報推薦詩獎。

●一九九一年獲中山文藝獎。

●一九九二年同蓉子仝獲愛荷華大學國際作家工作室（IWP）榮譽研究員證書。

●一九九五年獲美國傳記學術中心頒發二十世紀世界五〇〇位具有影響力的領導人證書。

●一九九七年曾三度赴美，先後參加華盛頓時報基金會與國際文化基金會在華盛頓舉行的「廿一世紀亞洲國際文學會議」、「廿一世紀西方國際文學會議」、「廿一世紀世界和平文學會議」等三個國際文學會議。

●名列英文版「中華民國年鑑名人錄」、「世界名人錄」、「世界名詩人辭典」及中文版「大美百科全書」。

●出版有詩集十四種，論文集六種、羅門創作大系書十種，羅門、蓉子系列書八種。並在臺灣與大陸北京大學兩地分別舉辦羅門蓉子系列書研討會。

●作品選入英、法、瑞典、南斯拉夫、羅馬尼亞、日、韓……等外文詩選與中文版「中國當代十大詩人選集」……等一百餘種詩選集。

●作品接受國內外著名學人、評論家及詩人評介文章超過一百萬字，已出版八本評論羅門作品的書。

●評論羅門作品，國立臺灣大學教授名批評家蔡源煌博士獲「金筆獎」。國立臺灣師範大學教授戴維揚博士獲一九九五年國科會學術研究獎金。

●研究羅門詩世界，陳大為與張艾弓兩位研究生分別獲得碩士學位。

●羅門作品碑刻入臺北新生公園（一九八二年）、臺北動物園（一九八八年）、彰化市區廣場（一九九二年）、及彰化火車站廣場（一九九六年）。

●羅門除寫詩，尚寫詩論與藝評，有「臺灣阿波里奈爾」之稱。

Ⅱ 羅門創作鑑賞會·研討會與展示會

●羅門著作《羅門詩選》與《整個世界停止呼吸在起跑線上》兩書曾於一九八八年與一九八九年分別列入中國青年寫作協會策劃之第一屆與第二屆文學鑑賞研習營當做研習與討論課程。

●一九九三年八月六日到十一日海南省海南大學舉辦「羅門蓉子文學世界」學術研討會，請有來自美國、臺灣、港澳、星馬與大陸各地等學者詩人作家五十餘人；提出研究羅門蓉子創作世界論文近三十篇，是一次具規模與有成果的海外個別作家學術研討會。

●一九九四年七月四川省作協、四川大學中文系、四川文藝出版社、四川企業文化促進會……等在成都市合辦的「羅門詩選百首賞析」出書發表會，到有學者教授名詩人作家數十人；羅門蓉子並在會上與在四川大學中文系發表講演。

●一九九五年五月間文史哲出版社耗資百萬出版羅門蓉子文學創作系列書十二冊，紀念兩人結婚四十週年；同時並由青協舉辦（文建會、文復會贊助）兩人系列書出版發表會，分別由林水福與余光中二位教授主持，有海內外知名學者與詩人近數十人與會。

●一九九五年北京中國社會科學出版社首次破例出版羅門蓉子文學系列書八冊，並在十二月間由北京大學文學研究所、清華大學中文系、海南大學、中國藝術研究院文化研究所、中國社會科學出版社、《詩探索》編輯部與海南日報等七個單位共同協辦，在北京大學首次召開的個別作家羅門蓉子系列書出版發表討論會，由謝冕教授主持，有名學者、詩人作家等數十人出席，會後羅門與蓉子接著在該校公開演講與接受專訪。

●羅門的「死亡之塔」長詩於一九七〇年被圖圖畫會做爲展出主題，以「詩」、「繪畫」、「雕塑」、「電影」（幻燈）、「音樂」、「現代舞」、「劇」等多元媒體共同展出，是當時臺灣首次具革命性的綜合藝術表現。

●羅門被UPLI國際詩人組織譽爲近代偉大之作獲菲總統金牌的「麥堅利堡」一詩於一九

八〇年八月間，由寶象文化公司公共電視拍攝小組專程飛往菲律賓馬尼拉「麥堅利堡」現場，製作羅門「麥堅利堡」詩電視專輯；羅門並在現場朗誦該詩，後在公共電視節目中播出。

- 一九八一年與蓉子參加由名雕塑家楊英風、光電科學家胡錦標博士、張榮森博士等舉辦的第一屆國際雷射藝術景觀展，以羅門的「觀海」與蓉子的「一朵青蓮」等詩，配合音樂與雷射多元媒體聯合演出，也是國內藝術與科學結合的首屆科藝演出。
- 一九九九年十二月廿五日，大道（MUSEUM OF DADAO）藝術館開館展，首次展出羅門蓉子「燈屋」生活藝術造型空間的影像與半世紀創作的全部著作及成果。
- 在邁進千禧年，也是庚寅年元宵節前後（國曆二月十一至三月四日），由國立文學館與文化資產保存研究中心特別策劃，爲詩人伉儷羅門、蓉子舉辦了一次詩與燈屋特展，命名爲「詩光、藝光、燈光三重奏」。爲一場創作成果結合生活環境（燈屋）的大型綜合展覽，展出羅門、蓉子兩人近半世紀所創作的詩集、詩選、詩論集以及批評家學者們對他們作品的評論集；重要的藝文資料、書信與手稿等近千種，展後部份重要著作與藝文資料由該館典藏。

Ⅲ 羅門著作

⦿詩集

1. 曙光（藍星詩社，一九五八年五月）
2. 第九日的底流（藍星詩社，一九六三年五月）
3. 死亡之塔（藍星詩社，一九六九年六月）
4. 日月集（英文版，與蓉子合著／美亞出版社，一九六九年六月）
5. 羅門自選集（黎明文化公司，一九七五年十二月）
6. 曠野（時報文化出版公司，一九八一年）
7. 羅門詩選（洪範書店，一九八四年）
8. 隱形的椅子（抽頁裝訂本，一九七六年）
9. 日月的行蹤（抽頁裝訂本，一九八四年）
10. 整個世界停止呼吸在起跑線上（光復書局，一九八八年四月）
11. 有一條永遠的路（尚書文化出版社，一九九〇年）
12. 「太陽與月亮」（大陸花城出版社，一九九二年）
13. 「羅門詩選」（大陸友誼出版社，一九九三年七月）
14. 「誰能買下這條天地線」（文史哲出版社，一九九三年十二月）
15. 「在詩中飛行（羅門半世紀詩選）」（文史哲出版社，一九九九年十二月）

◉論文集

1. 現代人的悲劇精神與現代詩人（藍星詩社，一九六四年）

2.心靈訪問記（純文學出版社，一九六九年十一月）
3.長期受著審判的人（環宇出版社，一九七四年二月）
4.時空的回聲（德華出版社，一九八二年一月）
5.詩眼看世界（師大書苑出版社，一九八九年）
6.長期受著審判的人（增訂本，環宇出版社，一九九九年再版）
7.存在終極價值的追索（文史哲出版社，二〇〇〇年一月一日）

⊙散文

羅門散文精選（文史哲出版社，一九九三年十二月）

⊙「羅門創作大系」十卷（文史哲出版社出版，一九九五年）

〈卷一〉戰爭詩
〈卷二〉都市詩
〈卷三〉自然詩
〈卷四〉自我·時空·死亡詩
〈卷五〉素描與抒情詩
〈卷六〉題外詩
〈卷七〉「麥利堅堡」詩特輯
〈卷八〉羅門論文集

〈卷九〉論視覺藝術
〈卷十〉燈屋．生活影像

⊙「羅門．蓉子文學創作系列」八冊（中國社會科學出版社，一九九五年）

1. 羅門短詩選
2. 羅門長詩選
3. 羅門論文集
4. 羅門論
5. 蓉子詩選
6. 蓉子散文選
7. 蓉子論
8. 日月的雙軌——論羅門蓉子（周偉民．唐玲玲教授合著）

⊙「羅門蓉子論」書目十六種

1. 日月的雙軌——羅門蓉子合論（周偉民．唐玲玲教授合著，文史哲出版社，一九九一年）
2. 羅門論（詩人評論家林燿德著，師大書苑出版，一九九一年）
3. 羅門天下（蔡源煌、張漢良、鄭明娳教授、林燿德等著，文史哲出版社，一九九一年）
4. 羅門蓉子文學世界學術研討會論文集（文史哲出版社，一九九四年）
5. 羅門詩一百首賞析（朱徽教授著，文史哲出版社，一九九四年）

6.羅門詩鑑賞（作家王彤主編，香港文化出版社出版，一九九五年）

7.永遠的青鳥——蓉子詩作評論集（評論家蕭蕭主編，文史哲出版社，一九九五年）

8.蓉子論（余光中、鍾玲、鄭明娳、張健、林綠等教授著，中國社會科學出版社出版，一九九五年）

9.羅門論（蔡源煌教授等編著，中國社會科學出版社出版，一九九五年）

10.從詩中走過來——論羅門．蓉子（謝冕教授等著，文史哲出版社，一九九七年）

11.從詩想走過來——論羅門．蓉子（張肇祺教授著，文史哲出版社，一九九七年）

12.存在的斷層掃瞄——羅門都市詩論（陳大爲碩士著，文史哲出版社，一九九八年）

13.蓉子詩賞析（古遠清教授著，文史哲出版社，一九九八年）

14.青鳥的蹤跡——蓉子詩歌精選賞析（朱徽教授著，爾雅出版社，一九九八年）

15.羅門論（張艾弓碩士論文，文史哲出版社，一九九八年）

16.心靈世界的回響——羅門詩作評論集（龍彼德等著，文史哲出版社，二〇〇〇年十月）

⊙作品選入外文選集

英文版

1.中國新詩選集 New Chinese Poetry（余光中教授編譯，一九六〇年）

2.中國現代詩選集 Modern Chinese Poetry（葉維廉博士編譯，一九七〇年）

3.臺灣現代詩選集 Modern Verse from Taiwan（榮之穎編譯，一九七一年）

4.當代中國文學選集 An Anthology of Contemporary Chinese Poetry（國立編譯館編譯，一九七五年）

5.亞洲新聲 Voices of Modern Asia（美國圖書公司出版，一九七一年）

6.世界詩選 World Anthology（美國 Delora Memorial Fund 基金會出版，一九八〇年）

7.當代中國詩人評論集 Essays on Comtemporary Chinese Poetry（林明暉博士 Dr. Julia C. Lin 著，一九八五年）

8.臺灣現代詩選 Modern Chinese Poetry from Taiwan（張錯博士編譯，一九八七年）

9.一九九〇世界詩選（World Poetry 1990）Editor: Dr. Krishna Srinivas India.

10.中國現代詩選 Anthology of Modern Chinese Poetry.（奚密博士編譯，一九九二年）

法文版

1.中國當代新詩選集 La Ktesie Chinoise（胡品清教授編譯，一九六三年）

瑞典文詩選

1.臺灣九位詩人詩選集（NIO ROSTER FRAN TAIWAN 馬悅然教授編著，一九九九年）

南斯拉夫版

1.南斯拉夫詩選（Anotologija Savemene Kineske）Filip Visnjic Beograd（一九九四年）

羅馬尼亞版

1.Antol Gie De Pooezie Chineza Contemporana（一九九六年）

日文版

1.華麗島詩選集（日本若樹書房編選，一九七一年）

2.臺灣詩選（世界現代詩文庫土曜美術社出版，一九八六年）

韓文版

1.廿世紀世界詩選（韓籍李昌培博士編譯，一九七二年）

2.世界文學選集——中國詩部分（韓籍許世旭博士等編譯，一九七二年）

3.中國現代文學史（韓籍尹永春博士編譯，一九七四年）

4.中國現代代表詩人五人選（湖西文學特輯，韓國湖西文會編選，一九八七年）